我們不想

어느 소방관의 기도

消防員
生死前線的心碎告白

當英雄

吳永煥 오영환 —— 梁如幸——譯

作者序（二〇二〇年繁體中文版作者序）

務必要把人救回來，然後，活著回來。

早晨太陽剛升起不久，我走入國會議員會館的正門。雖然每天凌晨時分就開始趕著出門，但是對於國會議員的日常生活還不甚熟悉的我，總是覺得被時間追著跑。腦子中塞得滿滿的是今天一整天的行程、需要見面的人們以及需要思考的事情。經過了安檢門，朝著走廊走去。這個廣闊的空間在幾小時後，就會充滿擁擠喧嘩的人們，但此時此刻還空蕩蕩地，顯得格外寧靜。

啪搭啪搭，腳步匆匆地移動著，突然，走廊左側設置的螢幕吸引了我的目光，腳步逐漸放慢。最後，我停了下來。

獨島，位於大韓民國東海岸深處一座美麗的島嶼。

螢幕上實時轉播那座島嶼景色的畫面，將我帶回二〇一九年十一月的那個時候。

環繞著石頭島嶼的海風，沒有方向及規律地胡亂狂吹。

首都二號直升機盤旋在上空，試圖降落位在獨島東側的直升機升降場，但著實不易，看著窗外搖晃的景色，緊握把手的手心滲出了很多汗。

我努力阻斷直升機內的雜音，把勉強聽到振動聲的電話緊貼在耳朵上，看到在下方升降場拚命揮著手的組長。

——走吧！風太大了，不能降落！離開！

結束了兩個小時空中搜救工作，在返航的飛行途中，本來打算要帶一些藥品及補給品給在獨島的隊員們，他們進行水面及水中搜尋已經到了第十四天了，但是如此看來只能下一次了。

再度颳起的海風，讓直升機搖晃不已，雖然已經坐了兩年以上的救援直升機，但是在許多同事犧牲獻軀的冰冷大海疾風之上，我的心也跟著不斷起伏不定。啊，好可怕，真的實在太害怕了，雖然我絕對不是什麼虔誠的教徒，但是在意外發生之後，我祈禱過成千上百次。

懇切地祈求讓我們的夥伴們能夠趕快回來，

還有，祈求能夠順利完成飛行任務後平安無事地返航。

坐在因狂風劇烈搖晃的直升機內，帶著悲傷的心情附加了祈求。

願他們在那漆黑的天空之上，感受不到任何恐懼、痛苦與煎熬，

哪怕只有一瞬間，都願他們從未感受到冰冷大海的恐懼，

比起任何事，我對此更是誠心懇切地祈禱。

我再次邁開了步伐，雖然有時候會再度流淚，但不是現在。身為大韓民國第一位消防員出身的國會議員，為了國民的生命安全，我要做的事情實在太多了。想起在惡劣環境之下許多脆弱的他們，在日常生活中遭遇到災難而犧牲；想起即使此時此刻哪怕是為了要多救出一條人命，聽到警鈴聲大響，

急著出動的無數消防隊員同事們——還有太多事情等著我去做，賦予在我身上的使命是如此沉重，我再次下定決心全力以赴。

二〇一五年十二月，我在消防局工作，是大韓民國的消防隊員，包含火災的各種災難現場，且是專門負責救援民眾的急救隊員。擁有緊急急救證照的我，搭乘著救護車、急救重機，為了拯救各個身陷緊急情況的人們，盡自己最大的努力。

雖然我只不過是一個平凡的消防員，但是在現場看到了許多不合理的社會現象，令我感到相當委屈及不滿，於是我鼓起勇氣，提筆寫了文章、出了書，有邀約機會時，就會上電視節目為此發聲。或許是因為無法救的人比能救的人還更多，消防隊員的人生總是滿是絕望。可是愈是這樣，想要救人的渴望就愈大，因此我從未放棄希望，相信我們的社會是可以被改變的。我是如此深信著。

另外還有二〇一七年五月*，正值韓國的總統大選。

包括我在內的許多消防隊員曾經站上街頭，大力疾呼消防廳獨立、消防員轉為國家職，都含括在大多數總統候選人的政見之中。國民安全的重要性，被視為最優先順位，站在遠處的我，只是默默地流下感動的淚水。

此後，我轉入隸屬國家職的特殊救援隊，擔任我夢想中的空中救援隊員，展開了新的任務。在此期間，韓國獨立消防廳成立，同時社會上對於消防員轉換為國家職的相關討論也變得更加活躍。但是社會現有的系統非常難以突破，為了國民安全必須進行的立法作業，卻因為經濟議題與便利性而遭受阻攔，只能眼睜睜看著在國會發生無法通過法案的現實。

接著，二〇一九年十月三十一日，同事搭乘的救援直升機在遠洋處發生了墜海意外。帶著沉重悲痛的心情，在獨島附近的海域度過了許多日子。海

＊ 隨著第十八屆總統朴瑾惠的彈劾案於二〇一六年十二月通過，第十九屆總統大選不是在以往的十二月，而是於五月舉行。

上的氣象總是變化萬千無法預測，水中搜救隊員在怒濤之中孤軍奮戰，我搭乘救援直升機飛行，進行搜尋任務也是相當危險的。逐漸進入嚴冬的季節，不斷惡化的海上氣象，最終中斷了長期的搜救任務。在告別式上同事所讀的追悼詞，令人不禁潸然淚下。而喪葬儀式在國立顯忠院裡舉行，為了預防家屬悲慟昏厥，在一旁也做了應急狀況的準備。然而，這是我身為消防隊員最後一項任務了。第二天，我遞出了辭呈，站在朝向國會的路口。

今日，大韓民國的消防員們被大眾稱之為「英雄」，在國民的全力支持與輿論支持下，也已經進行了許多改革。例如，近五年期間，已經落實了消防廳獨立與消防員轉換國家職，雖然人事權、預算權還沒有被編入消防廳管轄範圍，但也仍可視為在改革上邁出了一大步。另外，因媒體揭露「消防員須以自費購入手套」等議題，引起大眾高度關注，也形成輿論話題。在政治圈裡積極討論之下，老舊消防裝備改善率、裝備擁有率也幾乎達到了百分之百的水準。從二〇一七年開始，更是擴充了一萬兩千多名的人力，目前消防員總人數已經超過六萬人（每名消防員負責約八十五萬國民）。另外，也包括至二〇二二年為止的擴充計劃，全國各地方自治團體原本分配不均的消防員工作環境狀況，預期也能逐年獲得改善。

但是要走的路仍然漫長。透過本書，我想要表達的最終變化，並非在於消防員的人力擴充、改善裝備等待遇，而是讓我們的國家能夠成為「可以拯救與守護更多國民的國家」。即使是現在，我的初衷始終如一，而且為了在國會中能達成這個目標，我站上了現在的位置。

還記得當初聽到本書要在台灣出版的消息時，我簡直驚訝得不敢置信。雖然知道台灣是經過奮戰才獲得世界認可的民主主義國家，但是對於當時只不過是平凡消防員的我，任何一個海外國家都是如此遙遠。通過自己學習之後，得知台灣消防員的工作環境與韓國也是非常相似的，也因此在得知此消息後更增添了喜悅。從區分隸屬國家職、地方職，從警察組織中獨立、急救隊員資格條件等許多部分，都覺得與韓國相當熟悉，想要了解更多的欲望油然而生。特別是作為地方職運作時，在消防人力、補充裝備等處，在預算方面是否有困難？在類似條件之下，台灣的消防單位如何在守護國民安全上付出努力，這些部分都令我十分好奇。

另外，關於減少救護車的非急救患者出動要求，我也對這方面的政策感到相當有興趣。台灣也像韓國一樣，因非緊急急救出動而備感困擾，很好奇台灣在這方面的問題是否有建立相關政策。如果雙方能夠密切地互相學習、分享彼此的優點，或許在保護兩國國民的生命安全上會有所幫助，想到這我的內心便澎湃不已。

事實上，因為種種困難的國際處境，韓國無法實現與台灣直接建交，但是實際上在文化方面卻又有著許多交流，或許正因如此，台灣這個國家令我倍感親近。我感到十分榮幸與開心本書能夠在台灣出版。老實說，在書籍出版之後，真心期待能夠有機會盡早拜訪台灣。

在此，我想向Samnparks（쌤앤파커스）出版社以及出版本書的時報文化出版社獻上我誠摯的感謝，讓這本書能夠得以翻譯並在台灣出版。同時，我只祈求不管是在韓國或是台灣，所有消防員都能更加迅速飛奔至此時此刻身陷火災、各種災難事故現場或是緊急狀況之中，焦急尋求協助的國民身邊，拯救更多寶貴生命。

最後，我想以虔敬的心，向韓國及台灣的所有消防員轉達這句話：

「務必要把人救回來，然後，活著回來。」（出自金勳，《捎給大海的訊息》）

再次，颳著狂風的獨島。

那一天，是運送殉職嶺南一號直升機副機長與裝備師遺體的日子。在護送兩具遺體飛往大邱的直升機內，一位裝備師將手輕輕放在白布上，閉上雙眼。

他說，那是在山林廳航空隊工作時，非常珍惜的一位後輩。

就這樣，他淚流滿面哽咽地祈禱著。

最後，民眾身處於災難中的悲鳴呼救，消防員為了拯救他們而全力以赴，但最後卻不幸壯烈犧牲，所有這些悲慟的消息，在總是有許多事情發生的社會與媒體中，不過只是一閃即逝，但留給家屬與同事們卻是一輩子都不會癒合的傷口、淚水與思念。

但是，只要需要拯救與守護寶貴生命和日常生活的地方，不管何時何地，總是奮力飛行的嶺南一一九特殊救援航空隊員的使命感，將成為永遠照耀這世界巨大希望的火炬。

等一下，我們馬上到。

無聲的吶喊，在都市、山林與海洋間，並穿梭在所有國土上，那令人驕傲消防員的模樣，永存在我們的心中，不曾被遺忘。

自序

出動警鈴總是毫無預警響起

吳永煥

一名十九歲的男子死亡了。

雖然根據法律他已經可以稱得上是成人，但是仍然帶著稚氣的臉龐，趴倒在玄關的他，在傍晚時分被鄰居發現了。當急救隊員在現場為他做心肺復甦術的時候，他的父母也趕了回來。年輕男子的母親沒有想到早晨出門上班時那一句問候道別，竟會是與兒子之間最後的一句話，忍不住悲從中來蹲坐在地上失聲痛哭。生鏽的玄關門是如此冰冷，男子的心律停在一直線上不為所動，在奔馳的救護車中持續著母親的哭聲。

那一天，天氣相當潮濕，急救隊員用力按壓他的胸口時，從額頭流下的溫熱汗珠滴落在那個年輕男子逐漸冷卻的胸口上。在前往醫院的路上，警笛聲焦急萬分地響著，即使已經以最快的速度緊急送進醫院急診室，但是醫生確認了一下後，只是用力咬著牙抿著唇搖搖頭，他說，時間過太久了，心臟已經變得又冷又僵硬。

穿著皺巴巴白袍的醫生艱困地開口告訴我們這殘酷的事實。

是一條相當年輕的生命啊。當白色的布覆蓋在青年的臉龐時，男子母親的淚水變成了絕望的吶喊。護理師們正在擦拭躺在病床上的男子大體，而被汗水浸濕全身的急救隊員則站在他的旁邊，寫下了工作記錄。在這完全沒辦法再施展任何一絲急救措施的地方，似乎也看不見任何方法，可以接近失去孩子的母親身邊。

我們垂頭喪氣地回到消防局之後，出動的警鈴又馬上毫不留情地響起，救護車必須出動，將還能自己走到巷口的頭痛患者送到醫院去。救護車裡那位才失去兒子的母親，她的淚水都還沒乾涸，我們卻得在這樣特別漫長的夜晚裡，如此來回奔波。

獲報非自然死亡案件的警察局刑警打電話給急救隊員，要求說明當時現場發現患者的狀況，然而，面對刑警質問為什麼不保存現場，要讓他理解「在沒有發現明顯徵狀的情況下，醫學上的死亡判定並非急救隊員的職責」是一件非常困難的事。

街道上的路燈，一盞盞開始亮了。靜靜地望著在那微弱燈光之間，每天都會經過的道路。

終點究竟在哪裡呢？這條路究竟有起點與終點嗎？

對於在熟悉的街道中那不可預測的渺茫，突然感到一陣頭暈目眩，我無力地癱坐下來，想著年輕男子的葬禮，一想就放棄了。我翻了翻口袋，找出一包皺巴巴的香菸，拿出一根菸咬著，潮濕的天氣一直持續到破曉，雖然仰望著陰暗的天空好一段時間，但是直到早晨，卻都沒下雨。

我是一名消防員。

一天接到數次出動的指令，我們隨時隨地都要面對在生死交叉路上和苦痛之中哭喊的人們，站在這些分散各處的生命之中，救出那年幼的孩子；這每個瞬間，若不是消防員，一般人是完全無法想像的，而我卻每天都在經歷這些。

那最終沒能救活的是何人？如果能夠再快個一分、一秒的話？憑著一絲希望，急切誠懇地祈求著，經常在不斷的挫折與絕望中，經歷無數次的崩塌。即使隨著時間的流逝，這每一瞬間也不曾被抹去，在內心深處留下了深深的傷痕。但是，當我抓住了某個身處危險的人的那雙手，將他救出的那一天，對於賦予在我身上全力以赴的任務與使命，我才能再次留下激動感人的淚水。

身為一位消防員，就是像這樣活在如此殘酷的現實之中，卻又發現奇蹟般的一抹希望，比任何人都還要更加深切地感受著生命的美好。只是為了能夠抓住他人的手，以此作為工作使命的人生。況且，消防員在衝入無數個現場，身處大大小小的危險之中，有時甚至也會面臨連自己也燃燒殆盡犧牲一切的瞬間。

在二〇〇一年，弘濟洞民宅火災事件被記載為消防史上最慘重的事件，現在能記得的人已經不多了。只是為了救一個人，九名消防員毫不猶豫地衝進失火的房子中，那時建築物的牆壁坍塌，九名消防員全數被活埋，造成六名消防隊員死亡的慘劇。當時殉職的消防員中，已故金哲弘隊員的桌上放著這一首詩：

當我被召喚的時候，
神啊，
無論在多麼熾熱的火焰之中，
求您賜予我能夠多拯救一條生命的力量。

在為時已晚以前，
請讓我將孩子抱出來，
救出在驚恐中顫抖的老人。

請讓我能夠隨時保持清醒觀察四周，
請讓我能聽見再微弱的吶喊，
請讓我能夠迅速有效率地撲滅火災。

還有
按照神的旨意，
如果我得失去生命，
以神的恩寵，
照顧我的妻子與家人。

這首〈消防員的祈禱〉是一首廣為人知的詩，在一九五八年的某一天，美國的一位消防員在救災現場，因為無法即時救出年幼孩子們，所寫下的祈禱文，在韓國許多當紅的韓劇及電影中也出現過，所以即使不是消防員，有許多一般人也知道這首詩。這本書的書名也是取自於這首同名的詩*，姑且不論國家與時代背景不同，對這世界上所有消防員來說，這篇祈禱文所涵括的意志，不管在什麼情況下，在那一線希望之中，對拯救生命的那一份殷切渴求都是一樣的。身為一名熱愛文字的消防員，我不得不站在最近的地方，望著現場無數的悲劇與希望，希望能以這本書拉近與大眾的距離。

可以確定的是，我並非專業的作家，只是一名消防員罷了，我將那些痛苦的記憶整理成文字，一點一滴描述出那些簡短的故事時，雖然勢必得再度感受長久以來深埋在心中深切的傷痛，但是同時在陌生的文字當中，卻也撫

---

* 本書的原文書名為「어느 소방관의 기도」，即《消防員的祈禱》。

慰了我這段時間以來的痛苦，並且也將這份安慰分享給更多的人。我們現在所生活的這個社會，正處在充滿著辛苦與困難的時代，我渴望能夠守護所有人的希望、夢想，以及每個人都特別珍惜的各自的生活，希望能夠傳遞給大家小小的安慰與希望。

我不期待這本不足的書能夠提供什麼有用的情報或是指導，只是現在呼吸生活的這一刻，實在太理所當然，大家經常遺忘「活著」的珍貴，只是希望透過這本書短暫地喚醒大家，如此便已足夠了。

此外，如果能夠稍微地想起消防員為了守護且解救珍貴的生命，即使這一刻也仍朝著人們走近的那一份心意，以及在這片土地上灑下消防員的熱血與眼淚，如此就萬分感謝了。

二〇一五年十二月

獻給——

在這片土地上，總是時時刻刻醒著的所有消防員，

因為熾熱使命而倒下殉職的消防員，

還有我們想要守護的所有人，

這本書獻給你們。

目次 *Contents*

絕望還不屬於我

鈴鈴鈴鈴鈴，鈴鈴鈴鈴鈴。

一陣震耳欲聾的消防隊出動警鈴聲響起。

以最快的速度讓還在沉睡且僵硬的身體撐了起來，反射性地看了時鐘，四點五十分，離深冬太陽升起還有很長的一段時間。將夾克夾在腋下，彎下腰穿上靴子，跟在小隊長身後跑了出去。車庫在冰冷的照明燈下像個大冰箱，經過一列停放整齊的消防車後，搭上了停在右邊底端的救護車。發動引擊到出發之前，消防局裡貫通所有步道的音響設備中，持續不斷地傳出報案內容。

「請佑洞消防隊立即出動！H公寓一〇二棟四〇一號，嬰兒，報案者說兩個月大的嬰兒沒有呼吸。佑洞消防隊，請緊急出動。」

「確認完畢，佑洞消防隊現在立刻出發。」

透過無線電回答完畢，行駛在結凍的街道，凌晨時分車輛還不多，預計到達時間三分鐘，不，四分鐘？從指揮中心傳達的狀況之後，內心就感到萬分著急。報案者沒有接電話。

指揮中心持續傳來現場狀況。

「目前正在進行電話醫療指導，家屬正在施行CPR（心肺復甦術）。」

「確認完畢，佑洞消防隊一分鐘之後到達現場。」

救護車絲毫不敢放慢任何一點速度，以最快的速度滑進了公寓的停車場。聽到救護車警笛聲而嚇了一跳的大樓警衛趕緊打開停車場的柵欄。我緊抓著AED（自動體外心臟除顫器），手心滿是汗水，幾乎與車速停止的同時，就立刻打開車門衝向公寓的入口。電梯停在十五樓，沒有時間等了，拔腿衝向樓梯奔到四樓的時候，斜開著的大門門縫傳來了女人的哭喊聲。

出生兩個月，一個只有前臂大小的新生兒，被爸爸抓住腳踝倒吊著，這是初期的緊急處置，沒有太糟。孩子爸爸一臉嚴肅僵硬的表情，用手心一邊拍打著孩子的背部，一邊嘴裡不停喃喃自語地念著「拜託，拜託」。

跑過去接過孩子時，小小的臉龐已經泛青。

可惡，已經太遲了。

感受到孩子爸爸、媽媽充滿淚水的視線，絕望現在還不屬於我，在孩子的臉上戴上了人工呼吸器。

好，試試看吧。

前輩將孩子抱在懷中，豎起兩根手指開始按壓孩子的胸口，拿著人工呼吸器的我也跟在他的後面，跑進了小隊長為我們打開的電梯裡。隨著按壓的動作，孩子小小的身軀也隨之顫動。孩子啊，再撐一下吧。

「只能一位家屬！只有一位家屬可以跟著搭救護車。」短暫的瞬間，孩子的爸爸、媽媽對看了一下，仔細一看，原來家裡還有個兩歲左右的孩子，看來孩子的媽媽勢必得留下來照顧另一個孩子。門一關，令人忍不住害怕的救護車就火速出發了。凌晨五點，救護車的警笛聲響起，在海雲台路上奔馳著，幸好路上的車子還不多，以這個速度的話，八分鐘內可以到達醫院。

拜託呀，孩子啊。

持續按壓著胸口，確認除顫器，但是孩子的心臟沒有反應，額頭的汗水滴落下來。

再加油一下吧，孩子。

孩子爸爸那焦急的眼神，不停地在孩子與我們之間來回看著。拜託，拜託……

望著人工呼吸器下孩子那張發青的臉，眼神不禁顫抖著。

一到達醫院，急診室的實習醫生就立刻打開救護車的門來接手，應該是事前已經接到指揮中心的聯絡。

孩子啊，已經到了，現在去找醫生吧。

但是急診室負責的醫生在觀察了孩子一會之後，讓孩子躺在床上，令人害怕地嘆了一口氣，為孩子蓋上了白布。一時之間忍不住勃然大怒，不自覺地雙手緊握，站在身旁的前輩舉起手制止我。與主治醫生相視而看，在心臟領域有著數一數二名氣的他，曾在醫院裡見過幾次，他搖搖頭地說：

「是SIDS（嬰兒猝死症），這個狀況既沒有理由也沒有辦法。」

我什麼話也都說不出來。

孩子爸爸在後面看著所有的情況，不知不覺開始啜泣。

「嗚啊，不可以，孩子啊……不可以。」

可惡，汗珠順著鼻樑流了下來，又再度忍不住用力地將拳頭握緊。

突然痛哭失聲的爸爸，將雙手伸向孩子的腋下，把孩子擁入自己的懷中。

「對不起啊，孩子，爸爸真的很抱歉，沒能好好守護你真的很對不起。」

我咬緊牙根，孩子的父親懷裡緊抱著不再有任何動靜的孩子，望著他的背影，似乎用任何警示燈或是警鈴，都無法再拉近任何一步的距離。我轉過身往急診室外走出去時，孩子的母親從我們身旁跑進去。在門關上之前，聽見了被絕望填滿的痛哭聲響徹雲霄。

往醫院後方的停車場走去，十二月清晨冰冷又乾燥的空氣，吹得臉相當緊繃。慢慢抽出了一根香菸咬著，今年冬天要把菸戒了才行啊……不禁回想起孩子父親那顫抖的聲音。

「對不起……對不起，孩子啊。」

回想孩子冰冷的身軀、發青的小臉，以及孩子的父親將這所有一切擁入懷中的背影。冬天凌晨寒冷的空氣似乎探入衣服中摸索著身體的深處，甚至連腋下的汗水也都變得冰冷。

跟在後面出來的前輩也不發一語，掏出香菸叼著，眼神飄向遠方靜靜望著。我走向前輩，想要去借個火。在香菸白霧後方的前輩露出苦笑，安慰似地輕輕拍了拍我的肩膀，小隊長買來了三杯自動販賣機的咖啡，我們就肩並肩地站著，一邊抽菸一邊喝咖啡，各自陷入了沉思當中，彷彿忘卻了刺骨寒風。

結果，只能再一次眼睜睜地看著離別，雖然就和往常一樣竭盡全力，但是這次徹底地失敗了。難道就不能再快一點接到孩子嗎？如果可以再早一點抵達的話，那小小的心臟，是不是可以朝著這世界繼續跳動呢？

不，那泛青的小臉，不也已經說明一切了嗎？當父母發現的那當下就已經晚了，不，只要這症狀發生，不管怎樣都是無可奈何的結果啊。

沒錯，出生後不到一年的新生兒，由於在現代醫學上至今仍未查明的原因，微弱的呼吸與心臟停止運作的情況，雖然在世界各地都很少見，卻也是明顯不斷地發生。

「就像個洋娃娃似的，不管怎麼看……就像是個娃娃一樣。」

回到消防局的救護車裡，面對前輩我小心翼翼地開口說道。

「嗯，乾脆就想成是個娃娃吧。」

「是……但是孩子的爸爸……」

前輩望向車窗的另一邊，帶著遺憾的眼神打斷了我的話。

「不要太悲傷，這樣工作起來會很辛苦。」

將救護車警示燈全都關掉，靜靜地朝著消防局的方向駛去。離早上九點交班時間還剩下兩個多小時，但是出動的警鈴聲響在時間和間距上是沒有任何規律可言的。

在城市裡的各個地方，不時會有急診的患者，有的人活下來了，有的人卻死了。死亡永遠都在離我們最近的地方，在那裡總是伴隨著悲傷，但是卻無法一一沉浸在那些傷痛裡，且也不該如此，即使在意識上也必須要習慣。無止盡交替的黑夜與白天裡，身為必須走向無數生死交叉路的消防局急救隊員，如果被每一個悲傷同化，恐怕無法承擔那黑暗的重量。當然，用客觀的視野去看主觀的體驗，絕非一件容易的事情。

我相信，即使有一天已經變得習慣這一切了，驀然回首的那一刻，悲傷仍然靜靜地站在那裡，安靜地望著我。

但是我知道，我仍必須在眼前的消防局裡度過許多無數的日子，以及每天有數萬條必須要飛奔的道路正等待著我出動，將苦澀的心情硬是吞下，我所能做的事情就只是默默地整理那些使用過的裝備而已。

「不可以倒下。」

還沒，沒關係的，可以支撐下去的。

救護車抵達消防局之後，響了一聲警笛，車子畫了半圈，倒車入庫。正在準備早晨工作的滅火隊隊員們舉手打招呼，我們慢慢地從救護車上下來，轉身背向著車庫，走出消防局的辦公室大樓外，駐足停了下來，望向從遠方一點一點逐漸升起、照亮大地的太陽。

在悄悄升起的太陽的另一端，似乎傳來了在未來許許多多的日子中，那些出動警鈴聲和緊隨在後悲傷哀淒的警笛聲。

在城市的各個地方隨時都有緊急狀況發生的患者們，
有的人活了有的人卻死了。
死亡永遠都在離我們最近的地方，
在那裡總是伴隨著悲傷，
但是即使在意識上也必須要習慣。
無止盡交替的黑夜與白天裡，
身為必須走向無數生死交叉路的
消防局急救隊員，
被每一個的悲傷同化，
那將是無法承擔黑暗的重量。

為什麼連這樣的日子都會發生意外呢？

深夜裡出動的警鈴響起，挺起腰爬了起來，揉揉雙眼，跟在前輩後面往車庫的方向跑了下去。消防局臨時辦公室的鐵製階梯上灑了氯化鈣，踩在消防靴下發出嘎吱嘎吱的碎裂聲。凌晨四點多，救援隊的小型巴士裡到處都還充斥著昨天晚上火災現場殘留的失火氣味。

昨天晚上的大火是從一棟公寓的二樓開始，順著靠在窗戶邊的樹木蔓延到三樓。在KTV裡面交叉搜索了好幾次的搜救隊員，全身也無可避免地沾染了濃濃的煙火味，那股氣味令人回想起昨夜那場猛烈的大火，還有在輔助呼吸器下扭動掙扎的高中生，以及滅火隊隊員們噴灑出的水滴凝結成冰黏在防火制服沙沙作響的感覺。坐在前座準備著個人裝備的前輩突然回過頭來說：

「新年快樂啊。」

「啊……是啊，也祝前輩新年快樂。」

「嗯，在現場要隨時小心。」

前輩笑臉盈盈地說道。今天是大年初一，我們小隊沒有一個人不在，全員到齊都來執勤。老鳥總是推著後輩要他們休假，但是後輩們也知道前輩們已經好幾年每逢過年過節都不能回故鄉，所以彼此互相禮讓的結果之下，大家都還是守在現場，就像是多了不同家人的心情，彼此肩並著肩一起過節。

在奔馳的車子裡，看著坐在前座前輩的頭盔旁刻著的幾個字：

「廣津一一九搜救隊」

深深把鼻尖那一股燃燒的焦火味再用力地吸了一次。在沒什麼通行車輛的廣度津路兩旁，有著積雪和髒兮兮的黑色煤煙混雜在一起，顯得髒亂不堪。率先抵達現場的是所在地區管轄的一一九安全中心滅火隊隊員，透過搜救隊背心上掛著的無線電，傳來了他們說明情況的聲音。

「需救助者一名，掉落約三公尺處，目前推論由翻車造成！可能需要裝備支援。」

坐在副駕駛座上的副小隊長以無線電應答，將警笛聲量調大，像風一般在道路上奔馳。

現場是位於內部循環道路繞著一個較短的彎道而下，往市中心交會的地點。車輛完全翻覆，傾斜地往駕駛座的方向倒去。考量到在這樣的深夜時間所發生的單一交通事故，疲勞駕駛的可能性比較大。但是對我們而言，意外發生的原因總是不那麼重要。

坐在駕駛座的男子上半身被壓在已經翻覆又扭曲變形的車子下方，一灘血往車窗一點一點慢慢地擴散開來。副座主任從破裂的玻璃窗縫隙將伸手進去，摸了摸需救助者的身軀，隨之嘆了一口氣。副小隊長走向指揮隊長對他搖搖頭，推測已經當場死亡。

在救援車進入的時候，將翻覆的車輛四周用支架固定，用油壓撐開器將車子前門拆了，只看見裡面有一個穿著乾淨整齊襯衫搭配著西裝褲的男人，除此之外，對於發生意外的這個人身分還不清楚。查看車子內部的我，在翻過來的車頂天花板撿到了他的錢包，交給了警察。錢包裡的身分證上有年輕男子的照片，一九八六年出生，只有二十六歲，與我只不過差了兩歲，我默默地用力咬緊牙根。

本來計畫將椅子分離，再將男子拉出，結果還是得換個方式才行。因為肩膀上方的部位被壓在車子座位底下，如果稍有不小心，男子的身體就有可能遭到更多損毀。我將車體勾住設置在救援車後方的大型起重機，正當起重機拉起車子的那一刻，我看到車後窗的另一邊有一個閃著金色的箱子掉落在一旁，仔細一看是一個包裹得很漂亮的木製箱子。

「該不會是……新年過節的禮物？」

不經意想起剛才在身分證上看到的居住地，現在居住地是一個外地的小套房。

「原來是在外地工作啊。」

大年初一凌晨，帶著禮物前往的目的地，究竟是何方呢？

想著在某處一大清早就到大門口，正期待著兒子歸鄉的父母模樣，腦海中，突然浮現了我那住在釜山的父母親的臉龐，趕緊用力甩了甩頭。

比起思念，救援才是第一。

慢慢地搬起那已經變得冰冷的身體，雖然他的樣子相當悲慘淒涼，但是我無法移開視線。

在內心深處，輕輕地響起了咚咚的迴響，在搖搖晃晃的擔架上，他的頭癱軟無力地垂落一旁，彷彿不忍心接受這樣的情況一般，丟下父母親，自已早一步離去的腳步，讓我們又如何能夠輕鬆得起來呢？將垂落一旁的頭小心翼翼地向裡面轉放好，握住擔架的手抓得更緊。

「祈求……務必要到一個更美好的地方。」

將擔架推進救護車時，東方魚肚漸白，只有坐在電線桿上的麻雀們吱吱喳喳，我們所有人都不發一語。用手抹去禦寒衣上被噴濺的血漬時，這才突然發現，手套上早已沾滿了更多的血。救援的工作結束了，但是誰也沒救到，在冬天寒冷的清晨，我們流下的汗珠也冰冷地結凍了。

回到救援的巴士裡，燃燒的火味顯得更加濃厚了，副小隊長打破沉默，轉過頭來說道：

「回去以後煮一鍋年糕湯吃吧，買一些牛肉放進去煮。」

「第二小隊說他們買了一些煎餅，可以拿來一起配著吃剛剛好耶。」

「這樣就太好了，下班路上，再去喝一杯馬格利*如何？」

「清酒怎麼樣呢？畢竟是大年初一。」

大家似乎都想要擺脫沉重的氣氛，多少有些誇張地你一言我一句的，但是即使這樣有些吵雜，總比沉默要來得好上一百倍。

從現場回來後，立刻到淋浴間裡想用溫暖的水柱帶走一身的汗水、煙塵和血腥的味道，但並不順利。

結束交接，在下班的路上我們一起喝著清酒。家中有個像小兔子一樣可愛的女兒等著的副小隊長率先起身，又給我倒了一碗酒，副座主任帶著有些孤單的口吻說嫂子帶著兒子回故鄉去了，很快就醉的我，帶著醉意問大家，去年聖誕節晚上不是也有一個被卡車壓住的大叔，為什麼就算是這樣的日子裡，總是一定會有意外發生？前輩們苦笑了一下這樣說道，不是只有這樣的日子，就算是那樣的日子、或是其它的日子，意外總是隨時隨地，時時刻刻

---

* 譯註：韓國傳統米釀酒。

都在發生啊。

帶著一身疲倦與醉意的我們各自回家去，我走回自己的小套房，拿起電話打給母親，她今年也在等待著無法回家的兒子。

「我們乖兒子，今年過年也沒辦法煮年糕湯給你吃啊，怎麼辦才好啊？」

「沒關係，我已經吃了。」

「逢年過節也沒辦法休息，一定很辛苦吧？」

「因為喜歡才做的工作，只是沒有辦法去探望您，真抱歉，媽媽。」

「嗯，也是，如果連消防局也放假的話，這可不行啊。只要你沒事就好了，隨時都要小心啊。」

突然想起意外現場那包裝精美的金黃色箱子，想到了那對父母在大年初一一大早，必須接到一通陌生的電話，而不是那個到外地工作的兒子所打的。

「媽媽，新年快樂。」

「好，有時間的話就回家一趟吧，媽媽煮好吃的給你吃。」

掛掉電話之後，我靠著那面被冬季陽光融去冰冷的牆面，想要仰望溫暖的天空，但是在淚水漸漸模糊的視線之中，晃動的世界一滴一滴掉落在地面上，我這個年資尚淺的救援隊，斷斷續續地抽咽，胃中年糕湯裡濃濃的牛肉味一股腦地往上衝。

「祝大家都能過一個豐盛的好年！少喝一點酒，新年快樂！」

在二〇一一年當時和我們一起工作的救援隊員的團體聊天室裡，傳來了副小隊長的簡訊。

很想念所有的人，思念著我那些老隊友們……

希望現場和日常生活總是充滿著安全。看著簡訊內容露出微笑的我，默默祈禱著。

那年夏天，奇蹟似般抓住我的那雙小手

那是在八月中旬的時候。

就如往常一般，釜山的海雲台海水浴場充滿了來自全國各地的避暑遊客，但是人們全都只是在沙灘上踩踩踏踏的，完全沒辦法踏入海水中一步，因為颱風導致海浪洶湧猛烈，一一九水上救援隊管制避暑遊客下水。大部分的救援隊員一整天都忙著在海邊阻止遊客入水，而海水浴場的管理處果然也一直持續不斷地接到民眾抱怨而被備受折磨。結果到了下午四點多時，接到市政府下達指示電話的水上救援隊隊長，帶著一張僵硬難看的表情說，放寬入水限制，可以到「膝蓋」為止。但是隊員們非常清楚這樣的限制是一點意義也沒有，得要更加疲於奔命地拚命管制興高采烈跑來跑去的避暑遊客。

「永煥啊！要跟我騎水上摩托車去繞一圈嗎？」

「好！知道了。」

一一九水上救援隊CP（指揮所）位於可以一眼望去看到全部海雲台海水浴場的位置，當天執勤隊的權容旭小組長，充滿魄力又青春洋溢的聲音大聲地回答，像是響徹整個海邊似的，隨即穿梭在海灘上。由於海浪過高的關係，決定派出一輛停放在一旁的水上摩托車，小組長帶著我這個義務消防隊員，親自去執行勤務。

當時海雲台水上救援隊共有二十名消防員，以兩班制輪流工作，五名義務消防員則是常駐現場為民眾服務。當時我是五月剛入伍的新兵二防階級（相當於一般軍隊裡的二等兵），是罕見的以消防員為目標的義務消防員，對於我來說，能和救援隊員們一起工作，讓我每一天都只覺得幸福滿滿。不僅托一起工作隊員們的福，還有朴浩德救援隊長，柳柱澤、權容旭小隊長也對我很關照，常安排我使用救援艇、水上摩托車或是讓我在瞭望台上職勤。

經驗老道的組長在救援隊裡已經有十多年工作經驗，從創立海水浴場水上救援隊開始，他每年都會來這邊職勤，親自駕駛著水上摩托車。而我穿著緊身的潛水服和蛙鞋，帶著長條型如香腸模樣的魚雷浮標＊。我們就這樣穿過高聳的波浪，從停放水上摩托車的漂浮點騎出去開始執勤。

短短不到一小時裡，水上摩托車已經翻覆了三次了，組長熟練的駕駛實力依然健在，但是只要稍微將視線短暫地轉向避暑遊客，像房子一樣巨大的海浪就會猛然地撲向我們。在這之中我摔得人仰馬翻，甚至還掉了一隻蛙鞋，我被沖到了岸邊，幸好在靠近頭部附近的海水裡撈起了掉落的蛙鞋，好

＊譯註：救生浮板。

不容易才又騎上了水上摩托車回來，就這樣經歷了許多波折。

「哎呀……這樣下去，連我們都要死了啊。」

「組長，請把我埋在那五六島吧。」

「欸，那是石頭島嶼啊，你這傢伙。」

在巨大波濤驟然湧入與退去的面前，只能入海至膝蓋的水深基準變得毫無作用，避暑遊客們在一瞬間被捲到了第一道浮標線，放聲大喊著救命。海上的救援隊員們隨著時間的流逝，愈來愈疲憊不堪，但是看守著這一片廣闊的海雲台海岸，所有隊員們都氣喘吁吁，隨時警戒著四周。

但是突然一個瞬間，小組長掛在脖子上的無線電發出了相當急切的聲音。

「水上摩托車一號，這裡是CP！立刻前往十三號安全網十一點鐘方向第二道浮標線！」

連回答的時間都沒有，就衝破巨浪出發了。隊長以最快的速度驅駛著水上摩托車，而我為了要在穿越這怒海波濤之中確認視線，硬是將眼睛瞪得大大的。在距離漸漸拉近之後，在遠處前方約十多公尺的水面上，發現了一個狀況危急的影子，在超過第二道浮標線的地方載浮載沉，隱隱約約反覆地掙扎。

權小組長加快水上摩托車的速度，盡可能地接近之後，放聲大喊：

「下去！」

把魚雷浮標夾在腋下，側坐並伸出了右腿。

撲通。

那一瞬間，怒濤洶湧的大海又再度掀起高大的巨浪，兇猛地向我迎面襲來，而我只能無力地摔入巨浪陰影的黑水之下。

「噗。」

立刻調整擺正姿勢，往水面上衝了上去，被海水灌滿的耳裡，傳來了組長著急的呼喊。

「跑到哪裡去了！快找！」

回過神抬起頭的時候，水上摩托車轉了個方向，退到了安全距離，可是卻不見原本在我面前的那位需救助者的蹤跡，心臟重重地一沉，一股不祥的預感籠罩著全身。沒時間多想，我毫無目標地先潛入水中再說。把頭埋入水中，使勁地轉動身體，但是被深沉黑暗的水波擋住視線，什麼也找不到。

救援隊員是絕對不會放棄的。

腦海中響起中央消防學校救援教官的聲音，「如果想成是自己家人的話，你能放棄的了嗎？」所以我再度低下頭來，伸出手的那一瞬間，有個強而有力與充滿渴望的手伸向了我在深水之中胡亂摸索的手，絕非我伸手先將他的手抓住的，那深深渴望的力量穿越過水壓，強力地握住我的手，兩隻緊緊相握的手，穿著蛙鞋的腳用力地踢著，費盡全力地將對方拉到了水面上。

啊……怎麼會這樣。

是一個年紀還非常小的女孩。大概只有十歲左右吧？圓圓的小臉發青，雙眼已經放空，似乎連大叫的力氣或是剩餘的意志都沒了，就連意識也顯得模糊不清，但是孩子那小小的手，卻以驚人的力量，帶著強烈的渴望緊緊握住我的手。趕緊將於魚雷浮標套在孩子的腋下，將兩端連接在一起，因為怕孩子小小的身體或許會滑落，所以在浮標上原本有的繩子再緊緊地綑綁一圈，但是這時波浪不斷地打過來，我深深吸了一口氣，望著孩子的眼睛，孩子冰冷的身體不停地發抖，我再次牢牢抓緊那隻小小的手。

「別害怕，叔叔會救你回去的。」

手與手之間傳遞著溫度，曾經根本無法承受的波浪，讓我不再恐懼，當巨浪再度襲來時，我不停輪流地滑動著雙臂，努力朝向海岸邊游去，開始脫離這裡。

不知不覺之間，海灘上已經擠滿了圍觀的人群。到了安全地區之後，將懷裡抱著的孩子交給海邊的執勤隊員們，讓他們將孩子帶上岸，海灘上的另一邊看到一對臉色蒼白的夫妻，萬分焦急地跺著腳正等待著我們。

原來是孩子的父母啊。

雖然想要走近告訴他們孩子很安全，讓他們可以放心，但是我的責任到此為止。所以我又轉過身去，再度走向大海，好不容易回到水上摩托車的時候，權小組長笑著對我大喊：

「永煥，幹得好啊！你救了一個人呢！」

CP也以無線電傳道：

「Good Job！辛苦了！」

我有些害羞不好意思地向海灘那邊舉手敬禮。

遠處傳來救護車前往醫院的警笛聲，在太陽緩緩沒入的海面上，海浪也漸漸入睡，我突然轉過頭來望著在夕陽下的手。

水面下那雙伸過來的小手，是我第一次碰到在面對生命時那強勁的意志。

那隻帶著強烈渴望的小手，傳遞來的溫度，似乎深深滲入我的手中一般。

消防員的現場筆記1

現在眞的不想再做了

直至今日，十多年前看到的那個影像，仍然清楚地印在我的腦海裡。

某一個冬末的深夜裡，報案中心接到了位於首爾西大門區弘濟洞的某一棟民宅失火的報案。發生火災的兩層連排住宅的建築物位於狹窄的巷弄裡，消防員到達的時候，火勢已經接近最盛時期，房子被火焰團團圍繞著。

屋主老婦人邊哭邊跳腳著急地說兒子還在家裡沒有脫困，一聽到這話，九名消防員就立刻衝進房子裡與烈火搏鬥。在強烈的火勢之中，消防隊員們分組尋找屋主兒子的蹤跡，一剎那之間，兩層樓的連排住宅傳來轟然巨響，接著馬上就倒塌了。瞬間，已經進到房子內部的消防員們被房子的屋頂和水泥的結構物埋沒了。好不容易才救出靠近入口的三名隊員，但是已經前進到二樓深處的六名救援隊員和滅火隊員，卻被重重的水泥堆壓住，連一點蹤跡也找不到。

雖然緊急動員了重型機械裝備，但是在狹窄的巷弄裡，又加上停了成排成列的違規停車，導致進入現場花了很多時間而耽擱許久。在一分一秒都不容浪費的等待期間，救援隊員們徒手敲碎水泥磚塊在災難現場翻找著，並且一面心急如焚地大聲喊叫著這些被埋沒同事的名字。黎明到來，天空漸漸地亮了，現場飄下了當年冬天最後的一場大雪。六名消防隊員最終以冰冷的屍身被同事們擁入懷中送往醫院。如果能夠再更迅速地動員裝備，是不是就能救回他們了呢？剩下的其他人全都因爲內疚自責而低下頭來，流下了熾熱的淚水。

在整理事故現場的過程中，原本說沒能從屋中脫離的屋主兒子，在火災發生後就已經立刻逃離現場了，而且經過查證發現了事故發生原因，是因爲有精神異常方面病史的他，在喝了酒之後，不僅對老母親暴力相向，更在動粗之後放火燒房子。他早在那天半夜從家中逃離，但消忙隊員卻只爲了尋找他，而衝進烈火之中，最後卻只能在倒塌的建築物之下，帶著發青窒息的臉孔，永遠地沉睡。

當然，就算知道是屋主兒子縱火而引發的火災，消防隊員們也還是一定會盡全力地營救他，就算他還在家的可能性有多麼地小，消防隊員們也仍會帶著一絲希望走入那一片黑暗之中。

因爲那是我們的工作，因爲我們是消防員。

但是，在這悲劇性的災難之後，對於存活下來的其他人來說，他們的內心深處背負著失去同事的悲傷，以及抱著那一份竟然無法救出親近同事的自責與痛苦。卽使時間歲月流逝，終究也無法抹去那份悲悽，就這樣一輩子懷抱著這一份深切的傷痛生活下去。

某個節目中，記者訪問了其中一名當時曾在現場的救援隊員。卽使過了十多年了，他回想起當時那一瞬間，將內心深處的想法吐露出來的同時，眼淚也奪眶而出，哽咽的他好不容易艱困地開口回答：

「我可以說老實話嗎？現在……現在眞的不想再做了……眞的，現在不想再做了。」

・每年殉職的消防員平均有七人。

・消防員的平均壽命爲五十八歲。

但是我們不能只是坐在地上嘆著氣，還是必須重新繫緊防火靴的鞋帶才行。就算還沒能從同事殉職中的痛苦中脫離的日子，出動的警鈴仍舊會在某天的某一瞬間響起，而我們也只能再度奔向那些受傷痛苦人們呻吟著的事故現場。

這就是我們現在所面對的現實，即使是此時此刻，也有許多消防員勇敢地跳入危險之中，好痛，就算覺得疼痛萬分卻也悶不吭聲，只是默默地奔向現場，因爲我們是消防員。

希望在無數絕望之中綻放

七月裡某個相當炎熱的星期一，剛過三點的午後時分，熟悉的出動警鈴聲響徹了吉音一一九安全中心的辦公室，說一個九歲的孩子被糖果噎住，導致呼吸停止，指揮中心無線電的內容隨著警鈴傳到了正在疾馳的救護車裡。心中突然浮現了正在念小學二年級且擔任副班長的大姪子的微笑，忍不住滿心焦急，焦慮明顯地顯露在我的額頭上，隨著汗水涔涔滴落，懷中滿抱著的是兒童專用人工呼吸裝備和救生裝備，便往現場飛奔而去。

幸好，已經率先到達現場的敦巖急救隊員們笑著迎接我們。

「沒關係了，在到達之前孩子已經把糖果吐出來了。」

「啊……」

因為自己的關係，來了這麼多一一九的叔叔伯伯們，孩子不好意思地躲在媽媽的身後露出靦腆害羞的笑容。

「太好了，真是太幸好了。」

不知不覺中我緊繃的臉部線條整個都放鬆了，坐在回程的車子裡，我的指導前輩朴主任，也是現場經歷十六年的老手急救員，同時也是兩個小學生的母親，面帶著微笑這樣對我說道：

「不要投入太多感情啊，這樣的話會太辛苦。」

就在這個時候，無線對講機裡傳來了通知，我們的轄區裡發生了一位心跳停止的患者。

事發現場是貞陵洞山坡上某一棟公寓一樓的電梯前。

握著方向盤的崔班長立刻用力踩下油門，將警笛聲調大，朴主任手中的無線對講機裡不斷傳來現場的緊急狀況。

「三角山急救隊到達現場，開始急救行動，目擊者正在做CPR中！」

「吉音急救隊兩分鐘後到達！請參考。」

離現場最近的是江北消防局所屬的三角山一一九急救隊，他們已經率先到達現場。目擊患者在電梯前面意外昏倒的鄰居正在按壓他的胸口，處於實施了第一次除顫的狀況。衝到現場後立刻有六名急救隊員共同協力合作。在二級隊員們對患者按壓胸口並且施予人工呼吸的期間，兩名一級緊急救護員則是將維持氣管暢通的專門設備插入患者的口中，並且同時在兩隻手臂確認可以注射靜脈的血管。

聽到消息，急忙飛奔下樓的老婦人說患者沒有特別的疾病，是相當健康的一個人，她完全無法理解眼前的狀況。昏倒的老人年紀七十多歲，雖然年事已高，但是身體卻健壯地令人吃驚，粗壯的手臂上暗綠色的靜脈血管清晰可見。而和老人一起等待電梯的目擊者，在打給一一九報案的同時，也正為他適當地按壓胸口。

迅速報案與胸口按壓，加上急救隊員迅速地施予除顫與專業的心肺復甦術，這讓我想起在緊急救護員教育時，學習心臟停止復甦術時的連環起伏心電圖，健康的身體提供了這樣的可能性，熟練的急救隊員有效率地輪流交替壓迫與放鬆，在現場第三次施行除顫，電流貫通了他的身體，瞬間，患者大口地呼吸，雙臂來回地揮動。在除顫器所畫出的心電圖顯示正常的QRS波動（可以知道心室是否收縮的波動）。急救隊員們彼此交換了眼神。

「現在出發吧。」

我不知道那劇烈跳動的心跳聲，究竟是來自我的心臟？還是患者的心臟？我下意識地不斷反覆默念，如同咒語一般。

可以救活的，可以救活的。

可是當我們抬著患者就快跑到停在公寓社區入口處的救護車時，我們不得不再度停下來。

「暫時停下來！有點奇怪！」

「開始按壓！」

在那短短的時間裡，患者的心臟又再度失去力氣顫抖著。情況危急，趕緊將擔架推進三角山救護車裡，三名急救隊員一起上車，駕駛座的嚴班長將警笛調到最大聲，加速前進。吉音急救隊攙扶著受到過大衝擊而走路有些搖搖晃晃的老婦人上車之後，跟在開出公寓社區三角山救護車後面開始一同奔馳。

拜託，拜託，一次就好。

從貞陵洞往高麗大學醫院路上必須經過的阿里郎山嶺，是一個連續上坡、下坡的路段。從山坡路延伸下來崎嶇的開運山路，是貞陵洞急救隊員們載了無數患者們的主要移送道路，也是痛苦呻吟的人們生死的交叉路。這條道路，是急救隊員們每次站在停止的心臟面前都覺得絕望萬分，然後又再度重新懷抱著夢想，然而在頻繁的悲劇面前，也只能漸漸變得遲鈍麻木。

「請暫時停車！必須先分析一下。」

「車輛停止。」

在抓著除顫器的曹班長大喊之下，原本加速的車輛趕緊停在路旁，原本按壓著老人胸口及供給呼吸的我和朴班長在狹窄的空間裡將身子往後傾，急救車裡用隔板隔開簡易窗的另一邊，坐在駕駛座的嚴班長一臉神情緊張地轉過頭來。

「進行分析，請遠離患者。」

在除顫器的信號之下，三名急救隊員同時收手，並且確認彼此的安全。

「電擊！」

在按下閃爍著紅色按鈕的瞬間，兩百焦耳的電流就會貫通，老人的身體也隨之彈起，但是不規律起伏的心電圖節奏卻遲遲未恢復。

「咳呃呃……」

突然間，插入患者嘴裡的氣管傳來了心跳停止那不穩定的呼吸聲，透過連接在患者雙臂的 18Ga 的針頭，兩袋五百毫升的輸液不停地流入患者體內。

「車輛出發！再次開始按壓！」

毫無中斷地持續兩百次的按壓與放鬆，因流下的汗水眼前變得模糊，頭也無數次地不斷碰撞車子的牆面，但是我始終全神貫注在我那全力以赴交疊的雙手。用力按壓的那一端，這位老人，是某人的丈夫，同時也是某人的父親，而乘載著我體重的指尖正代替他停止的心臟跳動著；這名老人，朴班長手中緊握著連接氣管的呼吸輔助器，也正取代著這名老人——身為某人的祖父，也是某人的朋友——呼吸著。

真的想要救活他。想要把他給救回來。

在邁出成為急救隊員的第一步之前，我本來是登山救援隊成員。身為首爾東北部的登山救援隊隊員，穿梭在道峰山、北漢山和水落山的兩年期間，雖然短暫卻也很漫長的歲月裡，曾在我的管轄區域內發生過六名心跳停止的民眾，他們在我的眼前倒了下去，但是我卻連他們其中一個都沒辦法救活，我始終沒有救回那些生命。

悲傷、遺憾，又覺得委屈。

在我眼前逐漸變冷僵硬的心臟與那些人的臉龐，那些慘烈失敗的記憶總是一直糾纏著我。總是拚了命地邁開大步奔跑上山，但是山永遠都是太高、太遠。在高山之前，我的腳步永遠都太過緩慢。

拜託，拜託，只要一次就好。

就算我呼喊了無數次，在我眼前，某個心臟停下來的人，總是沒有任何回應。被航空隊直升機接走的患者大部分都會劃過首爾的上空，直接被送到塞布蘭斯醫院。下山後好不容易接到的電話，我總是讓我感到無限絕望，墜入無邊無際的深淵裡。

身在山上的我，總是對平地急救隊員懷抱著憧憬，憧憬的同時，也由衷地羨慕著，有最新型的緊急救援設備，而且能在市中心以最快的速度奔馳，有能夠最迅速接近患者的機動與專業，對於在山上的我一直都是羨慕的對象。偶爾輾轉聽到某個消防隊的急救隊救活了心跳停止患者的消息，我也會想像著，用我的雙手救活了某人心臟的那一瞬間，光是這樣就讓我覺得心滿意足了。在年初定期的人事調動時，我下定決心要下山，申請的不是市中心一線消防隊救援隊，而是急救隊，這並不僅只是為了復健受傷的膝蓋而已。

就這樣帶著一顆忐忑的心情到了新的工作單位，我面前閃閃發光的救護車，在過去六個月裡總共碰到了十二名心跳停止的患者，但是我仍然一個也沒有救活。不管什麼時候我總是卯盡全力，但是我的手尖碰觸的所有心臟全都變得冰冷僵硬了。

我仍然記得那每一刻——第一次接到的患者，是一名昏倒的奶奶，她的孫女緊抓著她的身體哭喊的那一刻；一名五十多歲的肺癌患者，他的兒子抓著他的手，並哭喊著「不能就這樣丟下他就走」、「對不起」、「不可以這樣」，年輕的兒子滿臉淚水，我至今也忘不了；在天色微亮的黎明時分，老奶奶攔著並不停拍著身體已經冷卻僵硬的丈夫的臉，一面搖晃著丈夫的身體，看著這一切，我必須忍下淚水；我也得向那位被緊緊抱住、在房間地板上滾倒痛哭的年幼女孩們的母親解釋，她的丈夫心跳停止且下巴早已僵硬，卻不屬於心肺復甦術救援對象的冰冷事實。不管造成心跳停止的原因究竟是什麼，他們的心臟終究再也回不來了。

我無法挽救回他們的生命，也抵擋不住那些家庭的絕望與悲傷，結果一點也沒有改變，「沒辦法」、「已經盡力了」這些安慰的話語不過就只是縈繞在虛空之中罷了，而我沉浸在深深懷疑的日子卻仍舊延續著。

韓國國內心跳停止患者的生還率是百分之四點八，一百名患者中約有五名，而二十名患者中則是不到一名患者才有生還的機率。

但是，我還不想要變得痲木遲鈍，我仍然想要把他們救回來，我想要守護他們，想要透過他人的心臟來證明，我的心臟依舊熱血沸騰地跳動著。

所有的懷疑、嘆息與淚水，穿越救護車裡滿滿的熱氣，擦過我的心飛掠而過。睜大著因汗水而視線模糊的雙眼，望著老人的臉，就像念咒語一樣不斷地反覆著：

可以救回來的，可以救回來的，這次……一定要救活。

一路顛簸地令人頭昏眼花，三角山救援隊車輛滑入急診室入口的那瞬間，我們開始做了最後一次的分析。手離開了患者，在狹窄的救護車裡，所有人都退後一步，急救隊員們的眼裡充滿了緊張與期盼。

「需要除顫，請所有人退後讓開。」

我再次挺起腰桿，當一直起腰時，背上的汗水一傾而下地汗流浹背。

「電擊後立刻送出去！」

砰，兩百焦耳的電流貫通了患者的心臟。

我們立刻將患者抬出救護車，繼續不斷地按壓著心臟，並以最快的速度奔向急診室空出的心肺復甦室，所有的醫護人員全都已經準備就緒等著我們。將老人放在白色的病床上，實習醫生催促著，並將手伸向氣喘吁吁的我，我又跑回救護車上，拿著填有患者初期狀況的紀錄表，再次趕緊跑回急診室的那一瞬間。

我停了下來，慢慢地看著我眼前的所有一切。

躺在白色病床的的患者，那些令人眼花撩亂的電線與檢查設備連接著老人的身體。

先停止按壓胸口，醫護人員為了要做動脈血液檢驗，拿了一個巨大的針筒正往患者的鼠蹊部插下去。

接著，是那過分熟悉的節奏與聲音。

出現心臟電波信號的心電圖，正反覆畫著正常的波動。昏迷老人的心臟再次努力、費勁地跳動著，傳輸著新鮮的氧氣直至手指末梢的血管。環繞在健壯的手臂上的壓脈帶透過正常的血管壓力數值，正傳達著好消息，他的心臟在收縮與放鬆之際，將力量往全身延展出去。

活下來了，把他救活了。

原本停止的心臟，第一次在我的眼前重新跳動著，將一個已經吐出最後一口氣的老人，從死亡邊緣上，重新帶回到他的家人和鄰居身邊，送他回到這個過著日常生活的世界上。

突然感到一陣熱淚盈眶，對眼前一片模糊晃動的視野感到手足無措。口罩之下我咬緊了牙根，怕被別人看到趕緊轉身走去廁所，伸手按了按太陽穴，我站在洗手台前低下頭來，讓淚水滑落，任由所有緊張隨著淚水傾洩而下，在那當下一股無可言喻的溫暖湧上心頭。

謝謝，真的很感謝。

能活下來，真的實在太感謝了。

在急診室旁邊整理著車輛及裝備，和三角山急救隊員們互道辛苦說再見。和再次詢問初期現場狀況的醫護人員談話時，我的同事吉音急救隊的崔班長和朴主任從遠遠的那一端走了過來，我跑向在遠處時就揮著手的夥伴，本來想要擁抱一下或是擊個掌的，但是實在是有點不好意思，就放棄這樣的念頭。在現場曾經攜手共同合作的六名隊員現在聚集在醫院前面，每個人各自拿著一杯冰美式咖啡，共享著這短暫的悠閒時光。聽到醫護人員說預期之後的狀況應該也會很不錯，大家彼此都很開心，所有人臉上都充滿成就感與滿足的微笑。

這是我這輩子第一個ROSC（恢復血液循環的狀態）。

大家為了我這第一次經歷復甦的瞬間表示恭喜。

在那個總是得低下頭來，僵硬著身子緊咬著牙的那個位置；在那些家屬失去珍貴的某個人之後的絕望與吶喊，只能背著他們，不得不垂下內疚慚愧的肩膀的那個位置——在那個位置，今天這一瞬間，在我們盡了全力之後，是可以感到幸福快樂的。就連我原本逐漸變得冰冷僵硬的心臟，也決定暫時放下那些痛苦日子的回憶，下定決心這輩子都不要忘記這最初的希望，以及令人悸動的那一份感動。

幾天後的某個晚上，我將一位不停嘔吐而痛苦不堪的中年男子送往醫院。從醫院走出來時，朴主任用力推著我的背，一起上樓到一般病房，去看當時的那位老人。個子高大的老人正在睡覺，健壯的身體在床上翻著身子，那背影看起來是多麼溫暖啊，我靜靜看著他那隨著呼吸上下起伏的肩膀。老婦人本來想將老人叫醒，但我們趕忙地表示不用了，老婦人告訴我們，當他從加護病房轉普通病房後，馬上就可以自己走路，也可以自己吃飯呢。

可以呼吸，能自己活動、走路、吃飯。

生命就是如此單純且純粹，對我來說，這份單純的價值比起任何事物都還來得令人驚嘆。老婦人說老人的身體狀況漸漸好轉，就快要出院了，彎著腰跟我們道謝，而我們也低下頭來回禮。

其實我們才更加感謝，感謝他這樣努力活下來，感謝他留在這個世界上，重新回到日常生活中，我在心中反覆不斷地感謝著。

但是在這之後，我又再度經歷了無數的挫折。患有憂鬱症的女人甩開母親，奮身地往窗外一跳，為了要尋找被茂密樹叢遮掩行蹤的憂鬱症女子的身影，我徘徊了好長一段時間。那天上班出門前，年幼兒子那稚嫩的聲音說著「路上小心」的道別，竟成了父母與孩子之間最後的記憶，而我也必須得要承擔父母內心中最深沉的悲痛。

但是，現在的我在這數不清的絕望之中，看見了希望、想到了希望。雖然在未來的日子中仍會經歷無數次的崩塌，但是我決定要記住曾在我指尖再次跳動的老人心臟，好好珍惜著一定要將人救活的承諾。只要身為消防員的每一天，未來的日子我仍會繼續奔往無數危險的現場，雖然必須面對無數個危在旦夕的生命，但是我一定會去拯救、去守護一切。為了拯救與守護所有的一切，我一定全力以赴，就算不可能總是成功，但是絕對不會輕易感到絕望，我會率先勇往直前，伸長我的手緊緊抓住那些身處恐懼之中的手。

雖然絕望總是在我們的身邊，但是我相信，而我也會一直相信，就算在絕望之中，也會有微小的希望存在著。

因為相信著，所以奔走著。做好所有出動的準備，準備奔向等待著我、等待著我們、等待著大韓民國消防員的所有人。

我需要一雙翅膀

可以繼續前進的。
我會掉下去啊。
只要踏出一步就可以了。
如果從這裡掉下去的話，至少也五公尺啊，不，還要更高啊。
先把左手往上伸，再用最快的速度撐起體重就行了。
這段時間裡我的手指能夠撐得下去嗎？
可以的，我可以做得到。

肯定會掉到那下面的啊。

我一定可以前進下去。

那天的墜落，難道忘了嗎？

我……真的……

「你在幹嘛？永煥啊！」

站在三十公尺下方觀察的曹晟勳組長的聲音，隨著筆直的壁面往上延伸擴散開來。

「還不趕快下來？要相信你自己的手啊！」

我陷入恐慌之中，一開始跟著已經爬上去的隊員，緊抓著巨石的傾斜縫隙爬了上去，但是當順序交換，變成我必須當帶頭時，因為令人感到不知所措的高度，我始終無法邁開步伐。

手指緊扣在距離不到一節手指長度的凸起上，身體是必須滑落的，我低頭望向懸壁那令人頭昏眼花的高度。

「我真的……真的辦不到！」

全身的力氣漸漸沒了，強烈的懷疑，陷入恐慌的瞬間，攀岩就等於失敗了。

「你不要參加比賽了嗎？不要去參加救援了嗎？你要一輩子都這樣活下去嗎？只有克服了，不管是攀岩還是救援才做得到，不是嗎？」

克服，是啊，我有必須要克服的創傷。

我們是首爾消防一一九特殊救援團的登山救援隊員，為了兩個月之後北漢山的岩壁攀登大賽，我們開始了訓練。去年由道峰山、北漢山與冠岳山所組成的三組登山救援隊，也曾經為了參加比賽而做準備，但是在訓練途中發生了意外的餘波影響，讓所有計畫都被迫中斷。

接著一年後的現在，即使重新開始訓練，我卻被以前沒有的懼高症所困擾著。

「組長！我真的完全……」

雖然真的很慚愧，但是其實我並不想要放棄。不是因為誰的強迫要求，制定所有訓練計畫的人也不是別人，是我自己——完全是出於個人意志的。但是我的腦子裡，卻對一年前目睹的那一天、那一瞬間揮之不去，如同韓紙*滲透出的黑墨一般，那深深的恐懼占據了整個心山。

根深柢固地盤踞在首爾北側一帶山脈的東邊盡頭，有一座由巨大的巨石所組成的山峰。

北漢山，仁壽峰。

進入眼簾的是滿滿巨大的身影，高聳入雲幾乎全然遮掩了早秋晴朗的藍天。我們現在的所在的位置是仁壽峰的後方，被遮掩的地方，如同它的名字「隱藏之壁」一樣。仁壽峰的正面地勢較為平坦，也比較容易接近，所以很多登山愛好者都會選擇從這裡登山，但是隱藏之壁這裡的地區山路險峻，需要許多時間才能到達，所以人總是不多，特別是像現在的平日上午。包含組長在內，共有四名登山救援隊員，以及平時在室內攀登中心有交流的兩名專業攀登選手、中年女性攀岩家，以及一名有著稚氣臉龐的青年，她說是她的兒子。攀岩經驗相當久的組長似乎和這位中年女性曾經見過，面帶微笑地互相打招呼。

我走近熟識的選手開心地點頭打招呼。所有的人都是為了一個月後即將進行的岩壁攀登大賽來到當地進行訓練。我們將裝在保溫瓶裡的咖啡給每個人倒了一杯，喝了之後各自開始暖身。

「因為他們都是專家，就邊看邊學吧。」

組長說道。

＊韓紙是韓國的一種傳統的紙張，與宣紙類似。韓紙用途廣泛，除了書寫用途之外，也可以拿來製作風箏以及各種生活器具。

選手組沿著左側傾斜的路線開始攀登，看著那絲毫不晃動穩定的華麗攀登技巧，位於下方的我都看得目瞪口呆。

確實不一樣啊。

很快地中年女性也開始攀登，連接著繩索的身子，沿著傾斜面快速地往上爬，手和腳與光滑岩石的縫隙和小小突出的稜角接觸，她是如此地強壯又靈活，快速、輕盈、柔順的動作，女性到達攀登路線的盡頭，位於四十公尺高度的固定點，並沒有花費太久的時間。

「攀登完成！」

巨大的岩石在那遙遠飄渺的高處，而呼嘯巨影的另一端，是一片無限蔚藍的秋日天空。

「永煥啊，換你準備啦！」

冷颼颼的秋風吹過耳畔，一邊熱著身，一面望著他人攀登景象的我，把腫脹的腳插入了岩壁之中，終於輪到我了，撲通撲通的心跳達到了最高點。

在這期間，上面的人似乎已經準備要下降了，又傳來了毫無顧忌的叫喊聲。

「下降！」

同一時間，正將手伸向地面上整理妥當繩索的那一瞬間。

「啊，啊……什麼啊！」

因為組長驚慌失措的聲音而回過頭來時，站在我後面的青年發出了短促的驚叫聲。

「不可以！」

我的視線再度望向充斥著巨大山峰的岩壁，在那視線的盡頭有一個小小的身影像是飛起來似的，正在慢慢墜落。是如此過分輕盈、太過地緩慢，就像一根羽毛沿著岩石斜面滑落，但是在她的身上卻沒有一條繩索連接著地面。

我無法轉移我的視線。

無關任何意志，整個身體僵硬地無法動彈。

彷彿是慢動作鏡頭的那一剎那，結束在一句短短慘叫的那一瞬間。那靠得愈來愈近，而顯得愈來愈大的影子，在撞上地面的警戒線後反彈起來，再度掉落在我的腳前。趕緊將手尖伸向女子的頸動脈，感覺到脈搏了。

「確認到脈搏了！」

但是也只有這樣而已，她並沒有恢復意識，隊員們將她的姿勢調整擺好，抬起她的下巴確認氣管暢通時，她才突然有了呼吸。當一脫下頭盔後，從鮮明的裂傷處流出了鮮血，心急如焚叫著媽媽的青年在過度驚嚇之中哭了起來。

「冷靜下來，現在告訴你媽媽要加油撐住，她肯定會聽見的。」

青年看著我點了點頭，用力撐開充滿淚水的雙眼。

在等待消防直升機的期間，我們沒有什麼可以為她做的了，只能抬著她的下巴保持氣管暢通，緊緊抓住因劇烈疼痛而掙扎的身體而已。究竟為什麼繩索會與她的身體分離，我們不得而知，在那個高高的固定點上的事情，也只有在場的其他攀岩者才知道，但是在已經發生墜落意外的現在，那個原因對救援隊員來說已經不再重要了，現在需要的只有趕緊為她做緊急處置和儘快移送而已。

組長對著無線對講機的急促喊叫聲不斷持續著，站在等待者的立場，一分一秒都彷彿永無止境，所有的救援隊員們都切切實實地親身體會到了。

「媽媽，媽媽。」

兒子心急如焚的聲音，只有無力感蠶食著我的全身，脈搏變弱之後又再度恢復反覆了好幾次，我不停地抬頭查看天空。

拜託，快一點，再快一點也好。

不知道時間過了多久？

熟悉的旋轉聲轟隆隆地充斥在岩石地區，無法接近山峰的直升機盡可能停在最靠近的地點。扛著裝備下降的空中消防隊員們提著擔架跑過來，都是一些熟悉的面孔。中年女子全身上下被固定地嚴嚴實實，吊上了直升機的鋼線。用全身迎接塵土飛揚的現場，我們向空中消防隊員以眼神打了招呼。

拜託了，千萬拜託了。

直升機載著表情凝重點點頭的隊員們，橫切飛越過首爾的上空。我將直升機逐漸變小的模樣拋在身後，轉身趕緊跑向她的兒子，崎嶇的山路要走到當時出發的地點至少要一個小時以上，他相當地擔心。

「你媽媽，不會有事的，剛剛我們都看到她還會動啊，請放心，就放下心來小心地下山吧。」

帶著迫切眼神的青年在聽了我的話之後，突然低下頭來向我道謝。

「謝謝，真的非常感謝。」

我輕輕拍著他的肩膀，安慰他好幾次，不斷鼓勵他說，你媽媽一定會恢復的、放心吧、別擔心，小心地下山吧。惋惜地看著青年打起精神，準備出發走下山路的背影，直到那身影消失在視線之內。

但是，最終我沒能為我的話負責。

那天晚上，在接到一通電話之後，雙腿失去了力氣跌坐在地上，是空中消防隊員打來的。在直升機移送的途中心跳停止，在好幾次的心肺復甦術之下恢復了心跳，但是在到達醫院沒有多久，醫生宣告了她的死亡。腦海中不禁浮現了那青年仍帶著稚氣的臉龐、那令人感嘆萬分的背影，以及低下頭來道謝的瞬間。無力感與自責錯綜複雜地纏繞著，覺得腦子一片暈眩，不知不覺中眼淚就隨著臉頰滑落下來。

兩天以後，當時在現場的隊員們邁著沉重的步伐來到了喪禮。

遺照上的她，戴著登山安全帽，開朗地笑著。我完全無法將視線停留在照片上太久，覺得頭暈目眩。轉過頭來向喪主致敬，她的丈夫是其它消防局救援隊的組長。

「原來是當時在現場的人啊，真的，很感謝你們。」

站在他的旁邊看起來無法承受這一切的青年，一面對我們時，終究是忍不住悲傷，立刻開始淚流滿面。

「兒子告訴我，那天大家真的很努力地幫助內人了，他說真的實在是非常感謝……」

那哽咽的聲音令我心痛萬分。

「因為她是非常熱愛山林的人……所以才會以這樣方式離開的吧。」我什麼話都說不出口，就連安慰的話語又豈敢隨意脫口而出呢？只是小心翼翼地摟著青年的肩膀，他淚流不止地對我再次道謝。

直至轉身離去前，我始終無法開口說任何一句話，只是用力地握住他的肩膀而已。趕緊轉過身來套上鞋子離去，讓淚水滴落在充滿罪惡感的步伐上。

全身無力地來到葬禮附近一個破舊的路邊攤，我們大家共享著一瓶燒酒，全部的人都不怎麼說話，最後每個人都帶著各自的傷痛，低著頭分道揚鑣了。

那天，在我內心深處刻下鮮明的烙印，之後這烙印一直在我的夢裡重複出現好幾次。

無法忘記，也覺得不可以忘記，甚至連要忘卻的努力都放棄了。

帶著沉重的心情繼續過著日常生活，但是在秋天愈來愈深的某一天，為了清除落石我登上了道峰山的萬景台，那是我第一次感受到這種感覺。

那墜落的恐怖陰影，竟然深深地附著在身為登山救援隊的我身上。

在攀登上岩石的路上，我不斷告訴自己只要想著往前走，只要看著前方就好，但是每當我這樣想的瞬間，就會忍不住想起墜落的畫面，彷彿妄想自己就要一頭栽下去的身影。結果根本無法前進，卻也無法擺脫，就這樣持續冒著冷汗艱難硬撐的日子。有一天結束了救援出動，在下山的路上遺失了無線對講機，逼不得已之下只好翻遍了整座山。又有一天，在夜間搜索出動時，獨自脫離隊伍，踩在晃動的石堆上，結果害得膝蓋纏上了繃帶。但是，我必須要忍耐，我相信只有咬著牙堅持下去才行。

進入了深秋，膝蓋一邊的痛症往另一邊轉移，因此隔一年的五月左右，兩邊的膝蓋必須要做膝關節內視鏡手術才行。位於綿延的道峰路北側的醫院屋頂上，可以遠遠地眺望北漢山的仁壽峰和道峰山的仙人峰。有一天晚上，獨自一人搖搖晃晃地爬上了屋頂為了看這樣的風景，站在夕陽下的我，呆呆地望著這兩座我曾堅信我會守護的山峰，我下定決心，從現在起不再動搖，現在必須要擺脫這一切的負面情緒。

人員絕對不足的關係，由三人一組所組成的登山救援隊中，一個人消防力量的缺席，則必須由其他同事默默承擔。那年夏天特別濕熱，愈是這樣，我就愈是積極地努力復健。

就這樣度過了艱困的日子，秋天的腳步再度走近的那時分，我小心翼翼地提出了對岩石的迷戀。

和組長一起一面喝著燒酒，一面聊著人間的悲劇、創傷還有克服。

「可以辦得到嗎？」

「我一定要做到。」

「一定會很辛苦，謝謝你提出這件事。」

「如果不克服的話，好像沒辦法再好好看著山的感覺。」

組長默默不語，一口飲盡了杯中的酒。

第二天開始，我就積極地推動參加大賽，並且制定了訓練計畫。準備好裝備，在水落山下的堂嶺人工岩壁開始訓練。拉扯著僵硬的四肢肌肉，鍛鍊著在攀登時最困難的「結ＣＲＵＸ」區段必要的持久力。一邊熟悉著陌生的裝備，一邊在道峰山半山腰處的低矮無名岩石上喚醒攀登的感覺。

但是我仍然記著那天，還是無法擺脫那天的痛苦嗎？如果連這種程度都無法克服的話，那麼對我來說再也沒有身為救援隊員的明天了，而我的人生裡，那留在山上的夢與希望就此破滅。

不管是在哪個現場，我都會奔向需要我的人身邊，那個曾經許下這承諾的我，究竟到哪去了？那個望著遙遠山峰另一端的夕陽，反覆咀嚼著悲傷思念的我，又到哪裡去了？

我深深地吸了一口氣，在下方的組長聲音又再度響起。

「你可以做得到的！永煥啊！」

那每一個瞬間的我，也許，不，一定仍然存在我的心裡。是啊，我一定可以做得到。相信吧，去試試看吧，我可是登山救援隊員啊。

不管深陷什麼樣高處困境中的人們，我都會走向他們，這就是我的使命。我相信著堅固地綁在我身上的繩索，相信緊抓著繩索那一端的夥伴，相信我那受過鍛練的指尖的力量，相信著我的任務，相信著我的使命，我深信不疑。

我，一定可以做到的。

那麼，「去吧，試試看吧。」

伴隨著短促的呼吸，縱身一躍。

第一次戰勝自己陰影的日子，垂直地將全身交出去，指尖載著體重往上爬，接著在向下一個支撐點伸出手和腳時，我感受到了，岩石與我之間什麼都不存在，那投入的喜悅，那一瞬間的解放感，戰勝我體內所有恐懼感。望著它，不再是墜落，而是向前進的地方，我竭盡全力，登上岩石頂端的時候，墜落不再是恐懼。

站在山頂上，望著顏色漸深的北漢山秋楓，那片美麗中蘊含著悲傷。想要一攀而上，卻因為意料之外的墜落，消失在岩石之下不見蹤跡，那些無數人曾經的夢想，他們所嚮往的無限世界正擴展開來。我壓低著安全帽開朗地微笑著，直到現在，我才稍微可以理解深愛岩石的人，他們的渴望與幸福。

十二月裡的某一天，道峰山山頂一帶下起了大雪。

那時的我率先打頭陣走向某個被孤立在無名岩石的人，與嚴冬奮戰一小時的他，來自遠方帶著大大的相機，為了拍攝道峰山的雪景，登上了山峰，但是上山的路被雪覆蓋，沒辦法下山。我走向他，而他留給了我一個小小的禮物。他遞過來的照片中，是一個在暴風雪之中，毫無恐懼登上岩石斜坡的登山救援隊員。

第一次戰勝自己陰影的日子，
垂直地將全身交出去，指尖載著體重往上爬，
接著在向下一個支撐點伸出手和腳時，我感受到了，
岩石與我之間什麼都不存在，那一份投入的喜悅，
那一份解放感，戰勝我體內所有恐懼。
我的眼裡，那不再是墜落，而是前進的地方，
竭盡全力登上岩石頂端的時候，
墜落不再是恐懼。

在火魔面前被小小的被子覆蓋著

「救援隊，救援隊請盡速將門鎖打開！」

因為消防車拖了一段時間才到達火災現場，整個現場被最猖狂的火魔支配著。住宅區巷弄裡一堆違規停車的車輛，即使聽到了震耳欲聾的警笛聲也絲毫不為所動，因此拖延了到達的時間，到達現場時滾滾火舌已經吞噬了一樓的住宅，從窗戶噴吐出灰黑色的濃煙。無法接近住宅的轄區滅火隊儘管將水管延長了一百公尺以上，向住宅後方防盜窗的內部噴射水柱，但是不確定是否被看不見的東西擋住了，客廳玻璃窗的那邊噴發出的熱源卻絲毫沒有消退。

雖然住宅已經相當老舊了，但是玄關的防盜鎖卻是最新型的，有著鎖業證照資深的救援隊員點了點頭，給予信號之後，後輩救援隊員們立刻起動裝備，開始拆卸門鎖。喀喀，防盜鎖撐到最後一刻碎裂了，在那個瞬間，指揮隊的無線電在吵雜的現場中，響起了救援隊副隊長的聲音。

「門解鎖完畢！全部讓開，不要站在客廳玻璃窗前！躲到角落去！」

火勢大到咻咻作響，被猛烈火勢現場震懾，我像是失了魂一般，呆望著玻璃窗另一端不斷噴吐的灰黑色濃煙，那團濃煙像是一具有生命的身軀，不斷地扭動，我的靈魂彷彿被它吸入。在那瞬間，某個人抓住了我的後領，趕緊一把將我拉到柱子後面。

砰！砰！

哐啷哐啷。

打開玄關門的那一剎那，突如其來的怪聲巨響與火焰瞬間噴湧而出，而我原本所站之處的前方，那面巨大的客廳玻璃窗也整片噴炸開來成了一片片碎片。近在眼前破裂的玻璃碎片往四處噴濺散開，被噴發出熱氣而嚇了一大跳的我轉過頭來一看，同組的前輩生氣地瞪了我，敲了敲安全帽，口罩下的另一端口氣擔憂地說：

「這樣的話可是會死的啊，進去吧，好好跟著我。」

鬆了一口氣，我點點頭，就跟著前輩踏入玄關門。

透過瀰漫的濃煙猛然一看，已經被大火肆無忌憚橫掃過的客廳內部一片慘不忍睹。從天花板到牆面全都布滿了被熊熊火勢肆虐過的痕跡，每個地方到處都被燻得焦黑，建築物裡噴發著有毒的氣體與火燙的熱氣。此時，我看見有個輪廓佇在中央，等到濃煙散去，原來是一個舊式大型的汽油暖爐。這傢伙就是火源嗎？在身後滅火隊的掩護之下，我們面對著火燙的熱氣，趕緊走向正面第一個看到的門，但因為看不清前方，只好拖著腳步慢慢走，突然，腳尖不知踢到了什麼差點被絆倒在地。

可是視線相當模糊，一開始以為是老舊的毛毯，但是卻因那沉甸甸的重量，而猛然地感到膽戰心驚，我便再靠近一點仔細一看。

是一個正面躺著的人啊。

前輩以最快的速度緊抓著想要扶起那個人的我，並且制止我，告訴我這個人關節已經僵硬，而且那蒼白融化的皮膚狀態來看，他已經不是這個世界上的人了。特別是考量到剛才爆炸性的火焰以及那之前滿屋子刺鼻濃厚的黑煙，在這些綜合條件之下，這個人幾乎沒有生存機率。那時我只不過是一個經驗不足的菜鳥，還是救援隊老么的我，這才了解整個狀況。

前輩對著無線電說：

「救援二隊，在客廳中央暖爐旁發現了一名死者。」

迅速趕來的副隊長確認了患者的狀態之後，立刻向現場指揮隊報告。

「需要保存現場。」

救援隊員們趕緊在住宅內部搜尋是否還有其他受困民眾，在這期間，戴著口罩的火災調查員們進到了現場，管制暖爐周圍後，用塑膠布覆蓋了死者。塑膠布下方露出了蒼白的光腳，我一面搜索衣櫃、床底下和餐桌下方，但視線總是不小心停留在那雙光腳上。同一場所輪流進行各兩次的搜尋受困民眾結束之後，救援隊才能離開現場。

同組的前輩脫下了安全帽和空氣呼吸器，那被黑煙燻得灰黑的大臉突然靠了過來。身高近一百九十公分的身軀，比我早兩年進來的中堅老鳥，露出一口潔白的牙齒對我說道：

「今天我可是救了你兩次呢。」

一下子意會不過來的我傻傻地抬頭看了他。

「一次是客廳玻璃窗破掉的時候，還有一次是你差點踩到人的時候。」

我一臉驚訝地看著他，他有些苦澀地說：

「我是說那有可能是犯罪現場啊。你想想看怎麼可能會有一個人這樣躺在客廳地板上？怎麼看都不像是看到火災發生了，要逃跑出來，結果卻昏倒在地的樣子啊。那位置，還有姿勢也很奇怪，不是嗎？大概是縱火或是自殺吧。」

聽了之後，似乎倒真的像是這麼一回事的樣子，前輩補充說：

「雖然不知道是不是這樣，但是如果沒有那些違規停車的話，搞不好就可以知道到底是怎麼一回事了。唉，沒有啦，算了，我也不知道。」

自己嘴裡嘟嘟囔囔地喃喃自語的前輩，拍了拍我的肩膀示意任務要收尾了。

「我們先把裝備收一收吧。」

卸載背上需要更換的氣瓶時，我想起了塑膠布底下那伸直露了出來的蒼白光腳，在擦拭內部搜索的橇棍時，也想起了不久前另一個火災現場看到的被子。那時，在那條被子下面，也是有著一雙小小的腳伸了出來，記憶與記憶之間互相交錯混雜在一起，有些混亂。

雖然一點也不想喚起這段回憶，但有一種記憶是在你快忘記時，就會自動從腦海中的縫隙中鑽了出來，盤旋在腦子裡。

某個星期天的白天，警笛大響飛奔而去的那一端，升起了濃濃的黑煙。但是失火的住宅區距離救援隊出動的廣津消防隊總部，有一段相當遠的距離。避開了兒童大公園前方週末堵塞的交通並繞道而行，但也已經過了好一段時間了，轄區的火災鎮壓隊雖然率先成功地滅了火，沒有讓火勢蔓延，但是現場已經到處充斥著有毒氣體與水蒸氣。從救援巴士衝下車的瞬間，我迎面碰到某位滅火隊員，他懷裡抱著一捲被子。倉皇從現場跑了出來的他，急忙地朝向急救隊員飛奔而去。

「小孩子！是小孩子，趕快出發！」

這到底是怎麼一回事？沒有時間多想，我們立即投入現場，救護車已經火速奔馳遠去。

住宅二樓內部已經被熏得焦黑，雖然大火沒有燒遍整個二樓，但是火勢是從小房間開始蔓延且擴散到門外，房間裡有一張電毯，上面有著某人曾躺在那裡的痕跡，有一部分因為高溫而燒熔，孤零零地放在那。

最初報案的是一樓住戶，報案者說因為不知道哪裡傳來燒焦的味道，就走上二樓一看，發現有煙霧蔓延出來，便馬上打一一九報案，之後打破玻璃門進到屋裡，在那房裡有個孩子獨自一人躺在那邊，是一個有著天生肢體障礙的十一歲孩子，無法獨自行動的小女孩。孩子躺著那張電毯是火災的起源，但是小女孩卻沒辦法逃跑，直到鄰居趕來將孩子連同棉被一起抱起，而困在蔓延開的熱氣與恐懼，卻無法從那毒辣嗆鼻的毒氣瓦斯中逃脫。孩子的父母都不在家，之後便聽說，那時他們兩個都去教堂了，意外是在參加禮拜那短暫的時間裡發生的事情。

孩子肢體障礙的症狀惡化之後，也沒辦法去上學，只好天天躺在家裡。不知道孩子的父母是否祈禱孩子的病情能夠好轉？是否祈禱著讓她能夠些微好轉，就可以再度回到學校，跟同學一起上課、一起玩？他們是否雙手緊緊交握，帶著急迫懇切的心情在主的面前低下頭來誠心祈禱呢？但是大火卻背叛了所有的真心誠意，且轉過身來殘忍無情地撲向獨自被留下那孩子的床鋪。

今後，這孩子的父母會因為自己沒能在珍貴的孩子身處危急之時，守護在她身邊而感到愧疚，會一輩子都帶著自責愧疚與痛苦度過餘生。但是沒有人有資格將這次的慘事責任歸咎到孩子父母的身上。外出前，緊緊擁抱了孩子，告訴她為了深愛的女兒去祈禱一下就回來了，讓她溫暖地好好待在家中休息，這樣父母的心意又豈是任何人能隨意說三道四呢？而且這樣不幸的事，結果必須一輩子背負著無法洗刷罪惡感的反而是父母啊，又有誰敢往那破碎淌血的心扔石頭呢？

為什麼悲劇總是離這些弱小又貧窮的人更近呢？如果可以請一個照顧孩子的人，又或是如果不是躺在老舊的電毯而是躺在開著溫暖地熱的地板上，是不是就能守護那雙露在被子外小小的腳丫子呢？是不是能夠讓她在這世界上多踏出一個步伐呢？

不，我們應該要更快奔向她才對，在濃煙擴散之前，在燒焦味道傳到一樓之前就應該要到達才對；應該要在電毯過熱，積了過多熱氣而引發小火星之前就趁早掌握狀況才對；就算塞車沒辦法奔馳前來，也要飛天遁地想盡辦法趕過來才是。但是，我們卻沒能將那孩子從全身燒傷中救出來，孩子在等待父母回來之前，就已經移送到醫院了，但是終究停止了呼吸。

從我視線中飛快掠過的那一捲棉被，是那麼地瘦小又羸弱。

有多麼地滾燙呢？有多麼地害怕呢？

不，乾脆連發生什麼事情都不知道，等待父母時進入夢鄉，在醒來之前就因有毒的氣體而失去意識昏迷，完全不知道有多麼地熾熱，也不會感受到任何恐懼。

火災，與人類意志相悖而發生的火。雖然和過去有許多木造或是落後建築物的時代相比，已經有顯著地減少，但是即使時至今日，在任誰也沒預料的某個瞬間、某個地方，火災仍然不停地鑽入那空隙之間，將所有勢力驅除。在電熱器中累積的熱能、小靜電，又或者是無心之間隨手丟棄的菸蒂，都是造成火苗常見的原因，在有可燃物與空氣的時候，還會助長火勢，不管是老舊的住宅、工廠、旅館、商業建築物、公寓、住宅，所有各式各樣的建築物，全都無一倖免會被大火吞噬燃燒殆盡。

在日常生活中，如果身陷在無法想像的熾熱火焰與嗆鼻濃煙之中，人們常常會陷入恐懼而難免感到驚慌失措。即使在這極度發達的現代社會裡，不管任何人身陷火災現場而找不到退路，無可避免地只能在恐懼之中感到窒息而昏倒。

雖然我們有對抗火災的裝備與技術，總是以最快的速度飛奔到意外現場，但是卻無法救出每一個被困在恐懼之中的人們。

人們對於自己一輩子沒有經歷過的火災總是不以為意，雖然從新聞上聽到火災現場發生傷亡的消息，也不過是嘖嘖舌感嘆惋惜而已，卻不會因此起身確認自己家中是否有滅火器。公寓大廈樓梯間的防火門總是大門敞開，樓梯間裡堆滿了垃圾分類、花盆或是腳踏車等，火災發生時唯一逃脫的路徑，卻當作擺放物品的空間來使用。人們忘了商業大樓裡逃生通道與緊急出口本來存在的目的，惡劣地把這些空間拿來當作堆積各樣雜物的倉庫。現在的消防人力光是現場出動就忙碌到不可開交，在人力不足的狀態，要一一調查轄區內數百、數千棟建築物是不可能的，有時候民眾甚至還會打電話來要求捕抓受傷的貓、狗、大蟑螂，一一九出動指令系統為了便民政策的理由而應對了所有的要求。

他們是為了在炙熱的火災現場拯救生命才成為消防員的，但是卻對這個充滿瑣碎又愚昧無知的社會感到咋舌，他們卻只憑著為人們奉獻的一顆心，而繼續堅持下來。不管怎樣都要堅持下去，因為在那些鬱悶的日子裡，仍會發生無數次的火災或是意外，隨處都會有許多急迫懇切的人正在等待我們伸出援手。因為我們實在太清楚，鳴著警笛飛奔而去，只為了拯救生命的資格與責任，就落在我們的肩上；因為我們懷抱著確信與希望，總有一天我們會抓住那些想要活下去的人伸出的手，我們能夠走到那些我們要救出的對象身邊。

親眼目睹了無數的犧牲，以及面對許多無法拯救的瞬間，必須得擺脫對這些悲劇的自責與崩潰的心，無論如何都要讓自己擺脫這樣的情感，必須讓自己回歸到日常生活中，因為一面等待著必須奔向其它的悲劇或是慘事現場的那一刻，一面度過今天和明天，這就是消防員的日常生活。

在回消防局的救援巴士裡，突然對著前排的前輩說：

「前輩，下一次真的好想能夠早一點……在還能救回的時候到達。」

體格高大的前輩咧嘴笑著說：

「是啊，下次一定要這樣。等一下去喝一杯燒酒吧。」

「剛剛那個玻璃窗啊，是複燃 Backdraft，對吧？」

「是啊，差點就完蛋了。但是客廳為什麼會被阻斷得這麼密實……」

廚房的窗戶雖然被打開，但是光靠那扇窗無法供給客廳充分的氧氣，火苗息滅了，但內部充滿了熾熱的可燃氣體，那時若從外面將玄關門打開，隨著空氣突然流入，火花會爆炸性地再度復活（複燃現象），副隊長接著解釋。

然後大家討論起自己在其它住宅火災現場的經驗、救援技巧，以及在搜尋受困民眾可能會漏掉的基本面，這些討論讓救援巴士內開始逐漸擺脫低迷的氣氛。滿載著深夜煙火味的消防車們已經筋疲力竭，在開往消防局的路上，往來首爾市內的車輛們，喇叭聲此起彼落，排成了長長的車龍，看不見盡頭。

他們是為了在炙熱的火災現場拯救生命才成為消防員的，
但是卻對這個充滿瑣碎又愚昧無知的社會感到咋舌，
他們卻只憑著為人們奉獻的一顆心，而繼續堅持下來，
不管怎樣都要堅持下去，
因為我們非常清楚，鳴著警笛飛奔而去，
只為了拯救生命的資格與責任，
就落在我們的肩上。

消防員的現場筆記2

曾經美好的你們那最後一趟飛行

電話響了，我並沒有接。

已經好幾通了，從住在釜山的父親開始，到身邊親近的前輩和同事們，我接了無數通的電話。他們都說著一樣的話：

「直升機，太危險了，別搭！連搭的念頭都不要有。」

陷入了短暫的苦惱，將電視轉成了靜音，電視裡的畫面不停地傳出新聞快報。

「光州市中心直升機墜毀……五名消防員全數罹難。」

「光州直升機墜落，隸屬江原消防本部特殊救援隊……」

「支援世越號搜救行動後，返回途中於光州市內墜落。」

看著令人無法置信的消息，我不發一語。

發生意外罹難的人之中，也有我很熟悉的名字。

江原道特殊救援隊裡，年輕的空中救援隊員，李恩教消防員。因爲他非常了解在救援現場裡急救處置扮演著多麼重要的角色，因此甚至進入護理學系就讀學習，是一個充滿熱忱的人。雖然所屬區域不同，但是我同樣也帶著想要學習專業急救處置的執著與熱忱，因此常在網路上和他一起聊天分享。有時候看他上傳一些漂亮擺設布置的江原道屋塔房*照片，

＊譯註：屋塔房是指頂樓加蓋的房子。

或是與心愛的人共進晚餐的照片，我的心也跟著溫暖了起來，他就快要結婚了。

當我想到那張屋塔房照片的瞬間，我的內心崩潰了。嘴裡叼著香菸，淚水潰堤而下，抬頭望向天空，看到了遠方道峰山的仙人峰。在衝擊與悲傷交織的日子裡，我仍是一個必須爲了腳踝受傷的患者，奔向高山的登山救援隊隊員，在悶熱潮濕的天氣裡，一整天奔波心力交瘁。

舉行了殉職的五名消防隊員追思會，三個月以來無法辭職的國務總理來到了靈堂。其他同事消防隊員們在他面前跪了下來，吶喊著他們只能搭著老舊的直升機出勤任務，哭喊著要求改善現在如此惡劣的處境。在聯合靈堂裡，殉職隊員的孩子留下了一封手寫信，說自己會代替爸爸，好好照顧媽媽和弟弟，快點結束天堂遙遠的旅行，以後要一起生活。

雖然這是一次奪走五條生命的悲劇性意外，但是他們的人生與死亡都是個別的，他們全都有屬於自己的日常生活，每一位隊員對他們的家人來說，都是珍貴的父親、兒子、丈夫、也是珍貴的戀人，每個人在下班之後，都有各自等待著他們回家的家人們，有著各自期待與奮心情準備的暑假計劃，也有著各自的年度計畫，和各自老年生活想要實現的個人願望。

這些都是如此個別、屬於他們每一個人各自的人生，各自的生活。

在同一天的同一時間裡，他們的生命消逝，這是一場充滿使命感悲壯的悲劇，那一瞬間他們拋棄了各自珍貴的日常生活、那個別經營生活的所有一切，這是一場太過於個別的犧牲。

在下班之後的深夜裡，我開著老舊的車子前往江原道，大概是在半夜十二點左右到達殯儀館的葬禮場，穿著制服的消防隊員們聚集在一起。帶著沉痛表情站在那裡的他們，在衣服上別著黑色的絲帶。我的腳步遲移了片刻，站在追悼會的入口整理了一下領帶，抽完了一根香菸，小心翼翼地走了進去，面對著那五張遺像舉手致敬。本來想要忍住的，但眼淚卻又忍不住地湧了出來，匆匆將菊花放了上靈堂，趕緊轉身離去。

爲什麼？爲什麼？到底爲什麼他們非得用這樣的方式離去？到底爲什麼會有這樣的悲劇發生？

墜落在光州水莞地區高實村的直升機殘骸旁擺放著菊花花束，聽到這令人悲痛的消息，市民們也紛紛開始自發性地在現場進行追悼。李恩教消防員在意外發生的前一小時，在自己的個人網站上上傳的文字，引起了話題。那是一篇大力呼籲消防員爲什麼需要轉換成國家職的相關文章，他比任何人都還要大聲疾呼，不斷地主張這件事的正當性與重要性。隸屬於光州廣域市的消防隊員們，帶著沉痛的心情，整理、撿拾著，翻開這些消防員支離破碎的片片殘骸，而他們手中拾著的是隸屬江原道的消防隊員，他們是如此的相同，卻又如此的不同。

雖然我們以大韓民國消防隊員的身分自豪，但是消防員並非隸屬中央政府單位。配置於全國各地的消防隊員有百分之九十九點七分別隸屬於十七個市道地方自治團體＊。因爲是由各地方政府統率的關係，如果地方行政預算少的話，消防隊本部就無法獲得充分的消防裝備支援，無法汰換老舊的消防車，也無法補充不足的消防人力。被地方聘用爲急救隊員的消防員在滅火時，被坍塌的牆壁給壓死了，也有某地區因爲沒有替換的人力而過度疲勞的消防隊員，在火災現場不幸壯烈犧牲。現在仍然存留下來的一人消防局，在全國一一九地區隊二十四小時獨自在廣闊的轄區工作，守護著該守護的一切，這就是自稱先進國家大韓民國的消防現況。

消防員們最後不得不站出來抗議示威，穿著消防制服舉著牌子，開始了

＊市、道為韓國行政區劃的其中二種。

一人示威。這並不是爲了消防員的權利，而是爲了讓全體國民都能獲得平等的安全保障。即使消防公務員能夠轉換成國家職，也不會提高薪資，如果是爲了自己的安危與權利而做出這樣的舉動，就不會這麼理直氣壯。

但是即使付出了努力，消防防災廳最終還是被解散了，並且被編入國民安全處底下的編制，消防員轉換成國家職的規劃被無限延期。雖然朝野政治人士們說爲了讓消防員轉換成國家職，會做階段性努力，在條款上達成了協議，但是站在一線的消防員們卻苦笑地表示，大概還要十年以上的時間吧。＊

大家都說，過去十年來消防員的處境，已經要比二十年前要好得太多了。但是消防員的待遇之所以能夠有所改善，並不是因爲國家與地方自治團體持續不斷關注這個議題，而是因爲消防員們悲劇性的殉職意外持續不斷地發生。

我們自嘲地說，到底還要多少消防員流下鮮血，才能改變這個世界？對此我們已經不抱任何期待了。

爲了大韓民國土地上遍布的悲鳴，年輕消防員必須熱血奔走，但這個世界卻太容易遺忘了他們。我們不相信媒體，也不依靠輿論，他們太過強調戲劇性的悲劇，對改善體制的政策相關內容消息卻很少，而且改善政策也進行得十分緩慢。

而我，只是祈禱著。

希望能夠再更快奔向那些身處險境的人們身邊，能夠帶著齊全的裝備奔向他們，並且希望可以抓住他們的手，並緊緊地握著，將他們的人生、他們寶貴的生命，完整地帶回他們的日常生活中，帶回正在等待著他們的家人身邊，希望大韓民國的所有國民全都可以獲得更安全的權利。

＊譯註：韓國目前已確定消防公務員將於二〇二〇年四月轉換成國家職。

我，只是這樣祈禱著。

直到墜落與爆炸的瞬間爲止，緊抓著操縱桿，將直升機開到人煙稀少之處的五位消防員們，他們最後一次的任務是在世越號沉船現場附近的搜尋飛行。搭上直升機的他們那最後一趟飛行，是傾盡全力爲了那些在巨大悲慟之中的父母們，在他們的一線希望上裝載飛行的翅膀，替他們帶回自己最珍貴的孩子，讓他們能夠再擁抱那冰冷的遺體——這是世界上沒有任何一件事物可以比擬的希望。而他們墜落，是因爲不能忽略任何一條國民的生命，是國家絕對的義務與責任，同時也是國家存在的基本理由，這是一場目的崇高、代替實踐且氣勢磅礴的飛行任務。

二〇一四年四月，載著四百多名乘客前往濟州島的客船發生了沉船意外。

船並不是在一眨眼之際就消失不見，而是幾個小時的時間裡，眼睜睜地看著船慢慢沉下去。船長和船員們只留下要大家不要動的指令，竟然就自己率先逃離了。燦爛花漾般的孩子們，帶著興奮的心情前往畢業旅行，還有出發前往孝道之旅的家庭們，以及爲了生計而搭上船的那許許多多人，看著飛在天上救援的直升機，充滿著希望，但是最終卻沉浸在恐懼之中，漸漸沒入冰冷的海水裡。

對於籠罩在恐懼之中的他們，國家卻一步也無法接近，海洋警察廳救援隊沒有一個人能夠進入船內部，也沒能抓住等待救援孩子們的手，有人將沉船事件比喻成交通意外，三百多名犧牲者在出遊途中死去。

我膽敢提問，以個人身分追根究柢地提問。

不管是伸手救援遭遇交通意外的人們，或是趨身走近那些在寶貴日常生活中面臨某個危險瞬間的人們身邊，這些不都是人之常情又充滿人性的事情嗎？而且，失去同情心的你們，難道忘了國家有保護國民生命安全的義務嗎？

他們奉國家的命令守護國民的生命，別辱沒了那雖然老舊卻閃著紅色光芒的消防直升機的最後一場飛行。也別讓最後一刻決不放手的消防員的使命和犧牲，成爲不必要的死亡。

我是一個消防員。

身爲消防員的我們常要出動到許多意外的現場，親眼目睹了許許多多原本平凡的人們，在家裡、商店裡、一般街道上，在都市裡他們那平凡的日常生活中、山中、江水中、海水中，身陷痛苦呻吟著的他們的傷勢與死亡。雖然總是想要將他們全部救出，想要守護所有人，將這些在我面前痛苦呻吟的寶貴生命，完整地帶回那雖然平凡卻又如此珍貴的日常生活，爲了那賦予在我身上的義務、爲了那使命，我總是卯足全力去努力，但卻不是每次都盡如人意成功返航。

在心跳停止且身體已經僵硬父親的屍身旁，兩個年幼的女兒放聲大哭；看見一個父親的淚水，懷裡抱著的是臉色發青的嬰兒，以及聽到孩子母親的哭嚎；緊抓著吐血死去父親的手，氣憤地大聲哭喊不能讓他就這樣走的年輕兒子，那絕望的吶喊，這一切都深深印在我腦海中。

我總是這樣毫無防備又赤裸裸地暴露在這些擺在我眼前的所有悲劇。雖然這所有一個又一個的離別、悲傷，還有家人們的眼淚，已經無數次地擊垮了我，但是我又重新站起來，回到了工作崗位。回來後，必須得準備阻止另一個悲傷發生。如果出動警鈴再次響起時，為了再次阻止另一場悲劇發生，我必須盡我全力做好準備才行。

因為我仍然記得第一次緊抓著被困在海水裡、那驚恐萬分孩子小小手的那一天；摸索著火災現場，為受困於屋頂的人戴上呼吸面罩的那一天；為了尋找在深山中迷失方向，徘徊了一整夜的老人，穿梭在滿山的樹林之間白霧的那一天。因爲無法忘記生命雖然渺小，但是朝向生命那顫抖的意志，卻是比任何事物都要來得更強烈，因此身爲不能倒下的消防員，我必須盡全力奮戰到最後一刻。

一條條生命與人生都是如此特別與珍貴，身爲消防員的我，卻必須得在意外現場眼睜睜地看著這一切。面對無數希望與絕望交替的瞬間，對於這些失去同情心的人們，我只感到遺憾與惋惜。同情心是從共感開始的，施予他人的同情並不是浪費自己寶貴的情感，而是了解到這種意外也可能會發生在自己身上，間接地共同感受著這樣的悲傷。

可是許多人卻認爲這樣悲劇性的意外與自己毫無相關，事實上，一輩子平安無事風平浪靜地度過一生的人相當多，但是那些因爲意外而死去的所有人，在過去的人生中，他們也是從未想過會有這樣的悲劇發生在自己身上的平凡人啊，而繼續閱讀著這些文字的讀者們，也只是用自己的方式在生活的人之一。

對於那些聽到如同哭嚎聲般緊急的消防車警笛聲，卻絲毫沒有要讓路念頭的人們，事實上，是忽略了消防車出動的目的地，也有可能是爲了自己家人的一絲絲可能性。

一天裡好幾次的出動警鈴只要一響起，我們就得飛奔而出，可是大部分的患者只是流鼻血、肚子疼，報案的他們靠著自己的雙腳走來搭上救護車，對此，我們總是得一再說明解釋，告訴他們一一九急救隊是爲了因應緊急狀況所配置的，現在這一瞬間如果出現了分秒必爭的緊急患者，即使急救隊出動了，卻因爲距離遙遠，也會使患者的生存率降低。遇到這種情況時，他們可能會整張臉脹紅，或是轉而投訴急救隊員不親切。而我們只能寫著報告，或是打電話去道歉請求原諒，拜託民衆刪掉投訴內容。工作了十多年的老鳥急救隊員心疼地看著我，告訴我放棄的話會比較自在舒服，我忍不住發了脾氣後也只能苦笑。

儘管如此，希望永遠存在。不久前值夜班的時候，收到了社區居民將兩隻炸雞放在安全中心的入口處，並且留下了感謝信，讓我整個夜晚心情都非常美好。擦身而過的社區小朋友，他們的小手朝著消防車揮呀揮，託那閃閃發亮眼睛的福，我們又可以再次打起精神來。爲了報答那些願意讓路給救護車的人，那些看不到的感謝之心，我們更要加油。我必須把我所經歷的無數悲傷都放在內心深處，再次帶著微笑去上班。

我是大韓民國的消防員，隸屬首爾特別市地方職的消防公務員。我不認爲我那渺小又狹隘的思考，能夠代表近四萬名所有消防員的立場，但是，我相信大韓民國所有的消防員們，爲了美好的國民，爲了守護他們珍貴的日常生活，爲了拯救他們，已經做好所有全力以赴的準備，完全沒有一絲一毫的猶豫。

切勿遺忘一年前的悲劇，五名殉職隊員家屬的眼淚至今都還沒有乾涸，江原道特殊救援隊的消防一航空隊的直升機停機艙也仍然空在那。他們生命的火花雖然熄滅了，但是以全大韓民國消防員之名，和守護全體國民信念的自豪感，我們將繼續燃燒他們的使命，持續發光發熱直到永遠。

故　鄭誠哲　地方消防領

故　朴仁敦　地方消防警

故　安秉國　地方消防尉

故　申永龍　地方消防長

故　李恩教　地方消防校

悼念五位英勇的消防隊員

燃燒的心啊
我會自己看著辦
讓我在旅程的路上
不會感到疲倦
感謝你總是不失
你的花香

——擷取自李秀東，〈同行〉

想起那些曾經無法守護的臉龐

老母親說她在清晨五點半時叫醒了四十七歲的兒子，就出門去做晨間運動，七點多回到家裡，一打開廁所的門，發現兒子咬著牙刷昏倒在地。到達現場的六名急救隊員雖然已經盡了全力，但是身體已經變得冰冷僵硬，心臟的節奏停在那一直線上，看不到絲毫動靜。

「不管什麼處置都必須要試試看。」

四十多歲男性健康的體格，以及遺留下那年輕的臉龐，令人感到惋惜，隊員們的內心滿是不捨卻只能咬緊牙根強壓下強烈的悲傷情緒，仍然以每兩分鐘的時間間隔確認他的狀態。在兒子徘徊於生死之際，年邁的老母親待在客廳的一隅，用雙手摀著臉，頭垂得低低的，在前往醫院的救護車裡流露出那壓抑的啜泣聲。

從急診室走了出來，就像是推走艱困險阻的黑夜，火紅的朝陽正在緩緩升起。

順著光線，突然間，那雙摀著臉滿是皺紋的手出現在我的眼前，不忍看兒子的最後一面，擋在前方那雙年邁的手，抹不去雙手下那止不住的淚水。

現在年邁的老母親在未來的餘生裡，每當黎明破曉之際，再也無法外出了，一輩子也沒有辦法忘記兒子早自己一步離開世上的那一天，再也不忍面對那燦爛明亮的早晨晨曦。你沒有任何錯，乾脆埋怨我們吧，沒辦法救回你的兒子，就埋怨責怪我們活下去吧。

拖著沮喪低垂的肩膀回到了消防局。

一整夜奔向了許多地方，帶回來的只有老舊不堪的膝蓋和疲倦的眼皮，以及滿積在內心深處腐敗的瘡水。

很想喝一杯冰水，再這樣下去的話，既無法入睡，也沒辦法奔向現場。搖搖晃晃地走近飲水機，進入眼簾的是一個潮濕的咖啡盒，決定要喝一杯裝滿冰塊的冰咖啡，在將咖啡粉倒入馬克杯裡時，突然又響起那摀著臉的老婦人那滿布皺紋的手，胸口覺得有些悶悶的，想起昨天買的汽水，於是我打開了冰箱。我的馬克杯外面刻著一個紅藍色的英雄標誌，它是來自另一個行星，也代表著西方。

「今天我沒辦法救出別人珍貴的兒子，沒辦法守護為了扶養老母親的兒子在凌晨早起準備工作。」*

---

* 此句的原文為「노모를 부양하려는 아들의 새벽 칫솔질을 지켜내지 못했」，字面上的意思是「沒辦法守護為了扶養老母親的兒子在凌晨的刷牙」，此處是要強調為了要撫養母親一大早起床刷牙準備上班的情況。

想起了小時候肩上批著火紅色的包袱布，像個孩子王一樣在社區裡的街頭巷尾跑來跑去的情景，是想要成為拯救大家的英雄嗎？但是今天，我守護了誰呢？不禁覺得口渴，拿起馬克杯喝了一口。

混雜在汽水氣泡之中的咖啡粉末，顯得那麼黝黑，刮著乾澀的食道，嚥了下去。

不珍惜老兵的國家

嘟——嘟——

只有顯示生命跡象的螢幕響起了冰冷的提示音，救護車內部充滿著一陣尷尬的沉默。

口乾舌燥地嚥下了一口口水，開口說：

「老人家是六・二五*參戰的勇士吧。」

* 譯註：韓國六二五戰爭發生於一九五〇年的南北韓戰爭。

老婦人回答：

「當然啊，老頭子還去過越戰呢。」

「啊，原來如此啊。」

「何必那麼辛苦呢？到頭來只換來這樣躺著的日子，真的是……」

「嗯……」

老人那雙空蕩蕩的眼神凝視著遠方。

衣衫襤褸的老婦人說，下半身麻痺無法行動的老人，從兩天前開始就嚴重腹瀉。接到出動指令，當救護車來到了位於貞陵洞一個老舊的住宅前時，狹窄的階梯推滿了垃圾，走進兩樓角落鏽跡斑斑的大門，馬上就聞到從潮濕的房間裡傳出一陣充滿歲月陳舊刺鼻的騷臭味。在身上蓋著老舊被子的老人，那瘦骨嶙峋的手臂上纏繞著壓脈帶測量血壓。首先生命跡象看起來沒有什麼太大的問題，但是一聽到要求送到報勳醫院，我們都嚇了一大跳。

考慮到平日白天的時間交通相當堵塞，往返需要一個半小時的時間，不可能就這樣放著轄區不管。

吞了吞口水，開口說道：

「伯母，在貞陵洞裡，救護車只有這一台啊。」

老婦人用筋疲力竭的眼神看著我。

「我們很難做這樣做長距離的移送，如果送去的途中，我們轄區內發生了心跳停止的緊急患者，救護車就得從很遠的地方趕回來才行。」

老婦人在市場裡做生意，穿著一件帶著腥味的圍裙說：

「那麼，該怎麼辦才好呢……」

負責駕駛的隊員則說：

「慢性病患者應該要叫私人機構救護車才對。」

私人機構救護車是以每公里來計價收費的。

其他隊員在說明的時候，內心其實不好受的我轉開了視線，發現四處褪色的壁紙環繞著我們，看著沾滿汙垢的痕跡時，突然看到掛在牆壁中間的相框，油油亮亮的老舊相框裡掛著一個勛章，褪色的勛排下面深深印著悠久的歷史字跡。

六・二五參戰勇士戰功勛章。

看了勛章一下，突然想起兩年前遷葬到國家公墓的祖父，那是我未曾謀面過的祖父。聽說是在父親高中時期，久病纏身的祖父最後在智異山山下一個偏僻小村落去世。

我打斷駕駛隊員的話。

「請搭我們的車吧，我們送你們過去。」

老婦人與駕駛隊員同時轉頭看向我。

「等一下會需要身分證，請記得一起帶著。」

老婦人低下頭來道謝好幾次。

我們將擔架抬下狹窄的樓梯，我彎著腰抬著頭部的這一邊，老人空洞的眼神依然沒有聚焦。

究竟國家在哪裡呢？

這個國家為什麼如此的貧困呢？

救護車在狹窄的巷弄中小心翼翼地迴轉出來，巷子裡充滿了違規停車的車輛，使得巷弄更加狹窄，透過中間狹窄的小窗子，傳來駕駛隊員嘟囔著發牢騷。

「是以為失火的不會是你家就是了，顧前不顧後的傢伙們。」

救護車開上了內部循環道路，裝設在車子裡的無線電裡傳出隔壁地區救護車的無線電內容，說是要移送腹痛患者，接著又聽到其他救護車無線電的內容，已經將早晨睡在路邊的醉漢交給警察了，口罩下的我嘆了一口氣。

不該稱之為救護車，而是應該叫做福祉計程車吧？

最近的一一九救護車，漸漸變成像是一種計程車，甚至，原本為了迅速因應各種外傷的緊急患者而設立的一一九急救隊，卻在必須親切與民眾應對的方針之下，使得原本設立的目的早已顯得黯然失色。雖然也是可以拒絕移送非緊急患者的要求，但是只要接到民眾抱怨的投訴，就必須得寫報告，面對投訴的民眾，也必須不斷地低頭道歉才行，在這樣的狀況下，又有誰敢拒絕呢？

乾脆放棄心裡會好過一點，那些急救隊老鳥們老是掛在嘴邊的口頭禪，並不是他們的錯。

內部循環道路相當壅塞，即使在這貧窮的國家生活，好像仍然都家家有車。重新測量老人的血壓之後，記錄下患者的個人資料。

在一陣尷尬的沉默之下，我率先開了口。

「我祖父也被安葬在國家公墓裡，前年才遷墓過去的。因為很早就過世了，我連祖父都沒有見過，但是聽說他在六・二五時也參戰了。」

老人第一次轉過頭來看著我，那視線讓我覺得很尷尬，趕緊接著說：

「聽我父親說祖父隸屬二十一團的，在七月時因中共軍發動攻擊的某一次戰鬥中受了傷……」

老人吃力，看聲音聽起來像脈搏跳動的聲音說道：

「金城地區的戰役。」

我忍不住吃了一驚，看著老人。

接下來的那一瞬間，我真的忍不住驚慌失措。

老人的眼睛漸漸浮上了生氣，第一次看到他移動了他的身子，慢慢地抬起他的右手，靠放在右側眉間。老人，喔，不，一位老兵正在向我，還有我談話中的另一位老兵舉手致敬。

突然，一股熱呼呼的暖流似乎湧入我的心窩，我也立刻端正坐好，並且舉手回禮。

「我爺爺一定也感到相當光榮的。」

老人緩慢地放下手，眼神又再度失焦望向遠方。

我口乾舌燥地吞了一口口水。

原來，這個國家就是用那個眼神守護的啊。

救護車繞過報勳醫院的用地並滑進了急診室，急診室裡有許多年邁的老人躺著。

究竟這個國家有多少老兵從戰場上，懷抱著傷殘與後遺症回來，辛苦地生活著呢？

有時候在急救出動的途中，或是任務結束回消防局的路上，偶爾會聽到來自首爾各個地區急救隊員前往報勳醫院的移送報告，這些移送報告不是來自附近的江東區或是松坡區的消防局，由於大部分的救護車都是來自其他遙遠的地區，讓各自的轄區出現了好長一段時間的空窗期。不管是被留在轄區的患者，或是沒辦法移送到報勳醫院的老兵，最後的結果其實兩者並無差異，都無法好好照顧他們。

那個曾經讓許多人用生命守衛的國家到底在哪裡呢？

我們生活在一個貧困的國家裡，竟然就連那些將自己生命交付出去守衛國家的軍人，都無法好好照顧，我們仍然生活在一個非常、極度貧窮的國家裡。

回程的內部循環道路上，我望著窗外那些與救護車擦身而過的高級進口車，數著數著就停了下來。

不知道是不是因為白天擁擠交通而感到疲倦的駕駛隊員，打了個大大的哈欠並且打開了收音機。節目主持人播報的新聞中，聽到了全世界第六高的摩天建築大樓——第二樂天世界塔再過幾個月即將完工的消息。

無論如何都想要救活啊

氣喘吁吁。

因為登山客人潮眾多的關係，要跑上山上並不是一件簡單的事情。

星期天上午的平靜不過只是短暫的，就在十一點五十二分時，出動鈴聲再度響起，打破了登山救援隊的寧靜。有位民眾在登山途中昏倒，在奔馳的登山救護車吵雜的警笛聲中，與報案者通話的同時，現在需救助者已經失去意識及呼吸了，就在同一時間，本來應該已經出動的消防直升機卻還沒有出發，因為光是發動就需要七分鐘，就算是現在從金浦機場起飛，即時出發也來不及。

在道峰路公車專用車道上奔馳，穿越入口通道的登山客人潮，到達距離現場最近的登山入口，已經過了五分鐘了。車子一停下來，立刻就跳下車，留下了由鐵塊組成的擔架背包，只拿著ADE和人工呼吸器拔腿奔跑，就連拿東西的時間都覺得浪費，忍不住飆出髒話。

「先跑再說吧。」

在組長的一聲令下，隊員們立刻拔腿開跑。雖然新聞說空氣很糟，塵霾的狀況相當嚴重，但是週末久違的溫暖天氣，讓興奮不已的登山客們幾乎擠爆了整座道峰山。我們不斷地避開、穿越人潮，不知道跑了多少？與平時不同的違和感湧上心頭，黃霧般的塵霾裡，原本總是可以看得清晰的仙人峰，今天卻是如此遙遠與朦朧。在這樣的天氣下，湧入山中的登山客也覺得悶悶的。

「沒看新聞嗎……不是叫大家盡量減少野外活動嗎？」

漸漸地覺得胸口很悶。

「早知道不要吃早餐了……」

忽然間責怪起自己沉重的身體。

艱困奔跑的腳步逐漸變慢之際，進入眼簾的不遠處就是事發現場，幸運的是，常駐在半山腰的警察登山救援隊已經率先到達了。義警救援隊員正在用力按壓患者得胸口，雖然歪斜的心臟衝擊器的貼片位置有點怪怪的，但是一邊按壓著胸口，一邊戴上人工呼吸器的時候，開始分析患者狀況，傳來一陣與狀況不搭那枯燥又不帶任何情感的機械式女聲。

「需要使用除顫器，請全體人員退後。」

「請後退，後退！」

按下了閃著紅色的電擊按鈕，電流貫穿了需救助者身體的瞬間，患者身體一陣晃動，救援隊員再度開始繼續按壓胸口，後面傳來有人嘟囔地說繼續這樣壓下去，是不是都要把肋骨壓斷了的聲音。心臟都停止了，肋骨斷掉會是什麼了不起的大事嗎？因為許多經過和探頭探腦的登山客們，距離需救助者竟然不到一步之距，讓救援隊員們變得更加敏感。

「搞什麼東西啊，請管制一下周圍！」

與一起出動的後輩隊員交替按壓，重複進行維持每兩分鐘的胸口按壓與人工呼吸，再度進行分析。

「不需要使用除顫器，請開始按壓胸口。」

「堅持一次就好，拜託一次就好⋯⋯」

難道已經太遲了嗎？各種想法糾結在一起，腦子一片混亂，但是仍然承載體重的指端，繼續不斷地用力按壓著。身為具有二級急救醫療助理師的隊員，能盡全力做的也只有這些，可是流著汗面無表情昏倒在登山道路上的男子，仍然一點反應也沒有。推測年齡約為六十多歲的男子，雖然他可能是某人的父親、某人的朋友，同時也是某人珍視寶貴的人，可是對我們來說，他就只是一個心跳停止的需救助者，也是我們必須要盡力提供最佳急救處置的對象。隨著時間流逝也冷酷地證明患者甦醒的可能性正在減少，汗水滴落而下滑過眼角，焦慮不捨的心情湧上心頭。

就在這個時候，一陣旋轉翼的轟鳴聲接近，使得這裡一片沉默，空中消防隊的直升機抵達意外現場的上空。警告接近的警笛響了三次，捲起了這一帶的落葉與塵土，吹斷了一整個冬天乾枯的樹枝，飛散地湧入眼睛、鼻子、嘴巴和所有有洞的地方。來不及戴上頭盔和防風護目鏡的我，反覆不斷被迫瞇眼又用力地將眼睛睜開，而後輩隊員深怕我們被捲飛起來的石頭或是樹枝等東西砸過來，用身體擋在需救助者和我的頭上方。

航空救援急救隊員隨著鋼絲而下。

「快點過來，得快一點！」

就在這個時候，除顫器又再度開始分析，急促的紅色燈光閃爍，就像是在催促一般。休克，電擊，立刻開始按壓的期間，降落的急救隊員趕緊跑了過來，迅速地更換除顫器，分析心電圖的結果。

絕望的一直線，沒有任何起伏。

「媽的，本來只是以為，沒想到……直升機的下行氣流很晃動嗎？」

將需救助者放在從直升機上拿下的擔架，移動到可以容易拉上去的地方。

可以救活嗎？也許很難吧，但是真的很想救活他……

暫且忽視那襲湧而來的絕望感，直到直升機將擔架拉起之前，不斷地持續加壓著心臟。站在距離稍微遙遠的報案者說，同行的需救助者因為心臟肌肉肥大的疾病，還曾經接受過兩次手術。筋疲力竭的身體在聽到這句話之後，連最後殘留的一點力量都徹底消失了。心肌肥大症，就算是正常人都很難期待可以再度甦醒的情況，竟然還加上了這狠毒的病史。

忍不住嘆了一口氣。

大家都說登山對身體健康很好？拜託，至少對身體有疾病的患者，請千萬忍住不要說這種話。

有著急性心臟疾病的他去爬高山，是對自己生命的一種放縱，即使不是抓著救援隊員而是抓著醫生的手上山，在心臟停止的瞬間，也沒辦法保證生死啊……

「不管再怎麼喜歡爬山，能夠活著下山才是最重要的啊。」

但是我也很清楚，他們其實也不是為了找死才來爬山的，覺得爬山對身體好，帶著慢慢走就沒關係的想法來爬山，這些我都非常清楚，只是對於這樣安逸的想法覺得相當惋惜罷了。

當然，青山永遠都會對所有人敞開它的懷抱，但是青山也絕對不會對人有任何一絲寬待，只要踏錯了一步，輕則在平地上受點輕傷而結束的小小意外，重則在高地上發生危及生命的事件，所以絕對不能小看高山。如果患有急症的人說要去爬山的話，就算是抓住他的褲管也想阻止。就算是對自己健康、體力有自信的人，上了山以後會發生的情況，輕則四肢骨折，嚴重的可能是因為留下了一輩子刻骨銘心的傷而被抬下山。雖然爬山是每個人的自由，但是真的想要阻止所有對自己沒有最低極限準備就上山的這件事。

當然，不管再怎麼小心仍然會有意料之外的事故發生，為了因應這樣的意外所以有了救援隊的存在。以道峰山的情況，一一九特殊救援團的登山救援隊在山崖發生意外時，主要會與全權負責的警察登山救援隊、國立公園管理公團的救援隊一同緊密協助合作，架構而成一個互助網絡，但是不管怎樣，救援團隊的主要功能是在意外發生之後的對應處理，無法預防意外的發生。

為了救援腳踝受傷的患者，我們必須在七百公尺凹凸不平的高山岩壁上，扛著二十公斤的擔架奔跑，這類患者若發生在平地上，他們還能搭計程車移動。遇到風雨交加的時候，因為直升機無法接近，即使膝蓋已經磨損，也要沿著陡坡峭嶺，一步步邁開步伐奔跑，這每一步都關係到患者和我的安危。為了尋找上山之後直至深夜尚未歸家的人，我們徘徊在整座山間樹林之中。有時候傳來有人心跳停止的消息，我沿著登山步道，奔馳到我的心臟都快要爆裂，可是最終就連心肺復甦術都未能施行，就讓他被直升機載走的情況也有。每當這種時候，我便忍不住偷偷咬緊牙根不讓別人發現，硬生生吞下充滿委屈、不甘願的淚水。

我們在山上，也很高興可以遇到這些因熱愛爬山而來的人們，只是希望他們不要生病、不要受傷如此而已。因此，我們總是向擦身而過的登山客們，傳達著四季始終如一的問候。

「請小心下山喔。」

在心裡默默地多加一句。

「千萬小心。」

如果那一天來臨

某一次冬季，在公司聚餐的場合，於第二攤的生魚片店裡，一開始那歡樂鼓譟的氣氛早已平息下來好一陣子了，在不知不覺中，許多救援隊員們的表情帶著一種充滿悲傷思念的神情。

「真沒想到……他會這樣就走了。」

「我到現在一點也沒辦法相信這是真的。」

「真的沒有臉見嫂子和孩子了……」

這些資深老鳥們各個低下頭來沉默不語，只是默默拿起燒酒杯一口接著一口。

二〇一〇年十二月，冬風漸漸變得凜冽寒冷的日子，我從消防學校結業之後，被分派到第一個工作的地點，便是廣津消防局一一九救援隊，而且就在那之前的幾天，在準備結業典禮的學生們卻聽到在現場發生的悲劇性消息。

某個寒冬的早晨，廣津水上救援隊遊艇出動，穿越過特別強勁的寒風，為的是要清理被沖上漢江邊的屍體。因為強大的巨浪與暗礁，結果竟然造成船隻翻覆，五名救援隊員所乘坐的遊艇就這樣沉入漢江水底。其中三名隊員費盡千辛萬苦自行成功脫困，但最終還是在冰冷的江水底發現了駕駛船隻，以及有著遊艇航行員資格的隊員，和總是在現場指揮的救援隊副隊長的遺體。

在接到分發通知之前，當時的意外消息對我來說，只不過是個模糊不清卻又令人感到惋惜的事件，但是在第一次踏入廣津消防局時，我卻總是要面對救援隊前輩們那悲傷哀戚的眼神與深深的嘆息。失去同事之後，卻得再度奔向意外現場的那些日子裡，救援隊員們努力地盡量避免讓自己的情緒波動，但是總是在聚餐的場合上，吐露著那如同哭泣般的思念、埋怨與後悔，在這些情緒之中，那些已經離開的人們，卻仍然活在他們的身邊一起呼吸著。

在那之後，我們每年都會參與的國立顯忠院*的追悼儀式。與那些永遠停留在年輕樣貌、永遠帶著微笑的同事遺像不同，我們這些救援隊們在一旁看著那些原本還相當年幼的孩子們，隨著時間流逝，孩子們也漸漸長大，因為不知道該如何平撫惋惜又痛苦的情緒，而內心感到無比痛苦。

在無數個季節交替之中，先送走了那些曾經共同經歷過許多事件、一起

---

*譯註：安葬對國家有功勞者的墓園。

去過去多地方、彼此信任又一同揮灑青春的同事們，就像就在心中刻畫下既慘澹又鮮明的烙印，而還留著的其他人卻得一輩子帶著這樣的傷痛繼續走下去。

這些所有的意外，都是隊員們肩上扛著的消防職責，在執行勤務時突然發生不可預測的意外事件。消防隊員們有著不管面對任何危險狀況，也知道如何應對的專業教育與訓練，以及具備著充足應對現場狀況的技巧與實力，可是具備這一切的消防隊員們卻無法阻止意外發生，那只是一場不可抗拒的意外。在升遷考試專用的滅火與救人的理論教材裡，記述了這樣的內容：

「不要進入即將坍塌的建築物裡，如果判斷為危險狀況的話，就不要進入，如果地面即將崩裂的話……」

同時，又寫著這樣的內容，「在現場，不管任何情況都要將救人視為第一要務。」

我個人最尊敬的一位作家老師在一本關於討論消防員的小說裡，寫下了令人難忘的文句：

「說了等於白說。」

雖然這些話說了等於白說，但是卻無法不再三強調，不管幾次，都必須一而再、再而三地強調的重要問題，就是防止消防員發生安全意外事件。

就算沒有如此強調，我們也總會互相確認彼此的安全，並且下定決心，我們這一輩子能夠救出的不只是一個人，這輩子不知道能夠拯救多少無數生命，如果我置自己的安全不顧，就是違背我一輩子身為公職消防員的誓言，也是拋棄了自己身為消防員最大的義務。

只阻擋能夠阻擋的意外，勢必盡力守護我們能救出的生命。哪怕是任何一位國民，也要讓他可以留在自己心愛的人身邊，繼續生活在自己日常生活中，度過屬於自己那完整的幸福人生，我們必須努力用盡所有方法，阻止悲傷與悲劇靠近我們今天所生活的這個社會中。

但是不管怎麼努力，在這過程之中難免會發生一些無可避免的意外。眼前，就有一棟被烈火環繞的建築物，或許隨時都有崩塌的可能，但是如果那搖動壁面的另一端，有強烈渴求需要幫助的民眾，如果聽到那急切呼喊的求救聲，沒有一絲猶豫馬上衝向意外現場的就只有我們消防員。

我想，大概就是因為消防員們有著無論如何都一定要拯救生命這個如此盲目的義務，所以當發生了以利他心為基礎的消防隊員殉職意外的消息，才能在這冷漠又冷靜的現代社會裡，得到許多國民含淚的支持與慰問。然而，每當只有消防員犧牲時，消防員所處的惡劣現實狀況才會受到幾天的矚目，但是卻從未解決最根本的問題。而我們只能苦笑著問，究竟還要流下多少消防員的鮮血才夠呢？每次有殉職意外發生的時候，各種報章雜誌、媒體輿論對我們的處境都會表示同情，並大聲疾呼必須要改善消防員的待遇才行。但是事實上，我們並不覺得會因為這樣就有所改變，所以也不會抱持著太大的期待。發生這樣的情況已經不是一次、兩次了，一週過去後，這件事就像從未發生過一般，大眾注目的關心熱度降溫消失。只是就算殉職的同仁是一位連臉孔、名字都不知道的其它轄區消防員，在全國各處守護著自己轄區的所有消防員們，也只能默默地在他的犧牲面前，低下頭來為他默默祈福哀悼罷了。即使在惡劣的環境中總是全力以赴的其他所有同事們，還有那些無法從傷痛中走出、得繼續生活下去的遺族家屬們，為了他們，我們能做的只是低下頭祈禱罷了。

然而，在這個社會上，大家普遍認為消防員是一個危險的職業，基本上我無法認同這樣的想法。

我總是會對身邊擔心我的職業的那些朋友們這樣說：

不只是交通意外、火災、墜落、崩塌等新聞中出現的意外才有人命喪生，其實在所有瞬間都有各種意外導致人們死亡，在我們飛奔而去的那一天、那個場所，也有不計其數的生命逐漸逝去。但是因為這些意外並不是發生在自己或是身邊親近的人身上，所以一般民眾無法體會到切身之痛，如果今天不是透過新聞，要直接聽到這些意外消息都很困難，所以在一般人的腦海中根本無法想像這些意外。

可是身為消防隊員的我們卻非常清楚，只有當我們的社會沒有什麼特別重大或是刺激性的議題時，媒體才會暫時將鏡頭轉向消防隊，其實在平時發生了許多超乎想像的意外，但是這些事件並沒有讓社會知道罷了。而且意外事件多到我們不可能全部都知道，有太多意外總是發生在我們身邊。

許多人問我，身為一個消防員，看到那熊熊火勢的火災現場，或者是出動到陡峭高山的懸崖邊時，難道內心一點都不覺得害怕嗎？我是這樣回答的，我們消防員會盡一切可能做好準備，奔向所有的意外現場。針對充滿危險的現場，許多威脅生命的因素，進行集中式的教育與訓練，接受前輩們的指導，或是自己累積的許多經驗技巧，盡可能地準備好個人所需的安全對策再出動。和同事們一起互相或推或拉，背靠著背，在深深的恐懼面前，眼中只望著一個目標前進——

那就是火海之中，身處在危險的那個人。

在坍塌的現場裡，需要我援助的那個人。

一心一意想要活下去，對生命的渴望，如此單純且全心全意只有這個希望，渴望、等待著我們幫助的人。

人的生命，是比起世界上任何事物都還要珍貴，也比任何事物都還要有優先的價值。

但是在所有的意外現場裡，為了守護珍貴的生命，努力拯救出每一條生命的日子裡，消防員也一定會無可避免地暴露在無法預測的危險之中。

但是在我內心深處，那一個個日益增加無法抹去的傷口，也許也是因為我太過了解的緣故。

如果所有民眾在車內裡的所有座位上都理所當然地繫上安全帶，如果有一天大家都能對安全再多一點警戒心，在日常生活中能夠自然而然熟記逃生門的位置及逃生路線，或許在火災或是交通事故這類會導致許多死傷的意外中，就可以讓許多人能夠繼續生活在自己的日常生活中，毫髮無傷地留在自己親愛的家人身邊。

在慘烈的工業災害現場裡，如果進行工程的大企業能夠代替惡劣的承包商，挺身而出關心所有第一線揮汗工作的勞動者的安全，並且不吝於提供支援與對策的話，那麼或許就可以阻止許多家庭失去一家之主的悲慟與悲劇發生。

消防隊員們總是擦拭著裝備時時刻刻待命著，只要警鈴一響就拔腿飛奔，只為了守護民眾的生命，如果有一天，這個國家的行政部門、地方自治團體以及立法部門，能夠讓這些消防隊員不管在什麼時候都能以最快的速度奔向身處危險之中的民眾身邊，並且意識到當前最重要且優先的課題便是消防員是否有充足的人力以及裝備。如果有一天，國家能夠給予消防本部預算與權限，讓他們能夠定期汰換老舊的消防車與救援直升機，不再是輪流穿防火服與燒熔的破舊棉手套，取而代之的是能夠充分提供個人保護裝備。那麼，消防員可以守護並拯救出珍貴的生命，能夠阻擋發生在這世界上悲劇性事件發生的日子，也會比現在多上更多，而腦中除了救援沒有其他雜念的消防員的犧牲，也一定可以隨之減少。

我們並不是超級英雄，只不過我們身上肩負著必須走向需要的人身邊的任務與使命罷了。我們並不需要只有在傳來消防員殉職的消息時，才會以惡劣工作環境的理由來同情我們，也不需要媒體來強調我們的奉獻與犧牲，因為這就只是消防員存在的理由而已。

消防員的人力與裝備不足，同時也並非國家職，而是隸屬地方自治團體，在這樣的情況下，如果民眾只是稍有不便或是輕微受傷，就想要打電話呼叫消防員過去的那一瞬間，請試著想一想，如果當我或我的家人在真的非常危急的情況下受傷時，打電話叫消防員來，那麼他們能有多快？又能夠做多少的準備，才能再迅速地趕過來呢？

如果就連腦中只考慮救人問題的消防員們，開始自己討論起必須改善消防現況的必要性時，並不是僅僅只是因為我們覺得不便而已，而是為了全國國民的安全著想，我相信總有一天大家會理解這一點。我相信那一天，總會來臨的，我現在所要做的就是等待，只要盡全力完成交付給與我的任務就好。

坐在我旁邊的前輩突然舉起燒酒杯，對我這樣說：

「老么啊，所以我說，隨時要小心啊，小心，再小心。」

「是的，前輩。」

「我們彼此打招呼時，總是掛在嘴邊說的『隨時注意安全。』，這真的不是隨口說說而已啊……一定要記住。」

「是的，我會銘記在心的。」

即使我們總是為了在困難之中那無法阻止的悲劇而感到痛苦，即使面對同事殉職消息感到絕望萬分，但是也無法忽視每一天賦予在我們身上的任務與責任。

即使是在此時此刻，大韓民國的所有消防員們仍然默默地面對著危險，正朝著某人勇往直前地飛奔而去。

我們總是互相確認彼此的安全，並且下定決心，
我們一輩子可以拯救的生命不只這一個，
我們一輩子不知道還可以拯救無數條生命，
如果置我自己的安全不顧，
就是違背我身為一輩子公職消防員的誓言，
也是拋棄了自己消防員最大的義務。

消防員的現場筆記3

最終什麼都沒有改變

從內部循環道路下來，接往江邊快速道路時，遇到了意想不到的暴風雪。越過一輛接著一輛擁擠的車潮，好不容易才來到國立顯忠院，那裡已經積滿了白雪，因爲院內鏟雪的工程，所以禁止車輛進出，只好一路從停車場開始延著積滿白雪的道路奔跑上去，好不容易才趕上了早就開始的追悼儀式尾聲。十二月三日，那一天特別寒冷，默默在心中向五年前殉職的救援隊員前輩打聲招呼：「我來晚了，眞抱歉。」

然後，就像那一天晚上的習慣一樣，開起入口網站的新聞頁面時，我感到悲傷、惋惜，又同時也感到憤怒與絕望。

「在西海大橋鋼線大火救災現場中，消防員一人殉職，兩名輕重傷。」

在臨近的京畿道也再度發生了一起悲劇，我緊咬著嘴唇，仔細看著事發經過，往下一滑又看到了另一則新聞，比起今天冰凍的天氣，感到內心的溫度更加寒冷。

「全民一致要求增加消防預算……竟然單方面決定刪減。」

原本朝野爲了加強特殊消防裝備和擴充消防直升機而達成協商的預算，在明年的預算案中竟然全部消失了，而且就連特殊救援隊的裝備預算也被砍了一半左右，而朝野核心議員們的地區預算竟然比當初政府提案高出了許多，執政黨副總裡出身的地區爲二十九億元，最高委員的地區爲三十四億元，在野黨院內代表地區則是十億元，預算委員幹事的地區則有兩億元。

那天我獨自喝多了，整個人相當醉，一下子突然放聲大笑，一下子任由眼淚不停流下，不時地破口咒罵，徹夜未眠。

殉職與負傷。

一天中有好幾次，急救隊員們不停地將患者或背、或抬上抬下，大部分的急救隊員們都常常喊著腰痛，被診斷出椎間盤突出，必須接受治療的情況也時有所聞，大家也早已習以爲常。雖然我們的工作必須進入猛烈火勢的現場與火魔搏鬥，也常爲了拯救生命衝入充滿危險的意外現場，從這一點來看，我們的工作暴露在高危險之下，但是因公受傷卻得自費接受治療，這種情況更是家常便飯。在緊急出動的過程中，如果發生交通意外，在消防局裡的成果評鑑中就會成爲扣分的事項，甚至連車子的修理費用都要由隊員們互相來負擔。

突然想起我們曾經穿著橘黃色的制服，舉著抗議牌子站在市政府前的廣場，示威抗議要求將消防員轉換成國家職。可是即使年復一年過了這麼久的時間，所做的一切仍然徒勞無功啊。

接著，新聞中出現了各種數據與刺激性的資料，根據國家人權委員會所做的消防公務員人權實況調查，結果更是一片慘不忍睹。全國有近百分之二十一的消防公務員參與調查，其中將近一半的人患有睡眠障礙，五個人中有一個患有憂鬱症或是不安障礙，甚至也有人因爲患有恐慌障礙而無法正常生活，創傷症候群發病率比起一般人還要高上十倍以上，嚴重有自殺念頭的人也有將近百分之七，後面還補充了更具衝擊性的資料，雖然在受訪時大家沒有說，但是其實消防員自殺的人數比起殉職的人數還更多。

爲了營救、守護民衆的消防員，在現實生活中竟然連自己都無法守護。

儘管如此，我們仍然一直默默地工作著，爲這些賦予在我們肩上的工作盡自己最大的努力去達成。卽使在沒辦法有完善準備的情況之下，只憑著守護國民的那一份自豪，揮汗如雨地工作。但是，仍舊什麼都沒有改變，在每次發生意外時，媒體的關注與強調也只不過是暫時性的，政策改善卻是相當緩慢，然而不管是民眾還是媒體輿論，或是整個社會也罷，對於眼前看不見的東西總是很快就遺忘。

想起了從小想要成爲一位消防員的心情。對身處在極具危險環境之中的人們，向他們率先伸出援手，那可靠結實的背影，至今印象仍舊鮮明，那時的我覺得如果可以成爲這樣的人，我的人生就充滿價值了。憑著這樣的信仰，即使是現在這一瞬間，我一直全力以赴地奔向所有需要我的人身邊。但是在這奔跑的盡頭，令人絕望萬分的瞬間卻隨著日子一天一天增加。

當面對有人對著急救隊員破口大罵時；當必須得說明消防員不是跑腿中心時；當冒著生命危險趕往現場，卻沒有足夠的裝備與人力支援時；當不時聽到又有消防員受傷或是殉職消息時。

我總是這樣想著：

究竟什麼時候才會變得不一樣呢？改變的那一天眞的會來到嗎？

我們要的並不是希望大家能夠同情這惡劣的處境，只是衷心期盼大家能夠知道，消防員身處惡劣環境的這件事情，是會直接影響到全體民衆自身的安全，如此而已。

消防員。

雖然大家都說我們是英雄，但是在韓國卻是受到最多同情的職業，這個事實一直都沒有改變。就算不叫我們英雄也沒關係，我們也不需要同情，只是殷切地期盼能夠讓我們盡消防員原本該盡的職責，去完成我們的使命，可以多守護一位民衆的生命如此而已。

想起了從小想要成為一位消防員的心情，
對身處在極具危險環境之中的人們，
能夠向他們率先伸出援手的人，
那可靠結實的背影，至今印象仍舊鮮明，
那時的我覺得如果可以成為這樣的人，
我的人生就充滿價值了。
只憑藉著這樣的信仰，即使是現在這一瞬間，
我一直全力以赴地奔跑著。

即使在疲倦的腳步與微弱燈光的尾端

山是如此的美麗。

在人跡稀少的水落山深處，各種秋天繽紛色彩的落葉，彷彿雨水一般散落一地點綴著山林。

我，明明已經筋疲力竭了。

暫時停下沉重的雙腿，深深地吸了一口瀰漫的霧氣。

您在哪裡呢？在這樣美麗的景緻中，您究竟在哪裡徘徊遊蕩呢……？

在水落山搜索的第二天，一名患病老人的老舊電話，在給救援隊員留下最後的聲音之後，早已關機許久。

與平時無異的某一天，晚秋的星期一早晨，開始忙碌工作的登山救援隊辦公室響起了出動警鈴。

報案的人是失蹤者五十多歲的媳婦，年邁的公公平常只要到了凌晨五點，就會去爬公寓後面的水落山，已經過了平時下山的時間很久了，但一直都還沒有回家，雖然打電話給他，但患有痴呆症狀的老人沒有辦法說清楚自己的所在位置。再次與報案者通話的時候，才知道老人患有其他的障礙——帕金森氏症。

因為老人沒辦法正常走路，所以想必一定不會走到太高的地方，我們下了這樣的判斷之後，就開始搜尋公寓後方的登山步道。如同報案者所說，透過電話與老人溝通是不可能的，不管問他什麼問題，他的回答永遠只有「是」或「嗯」這種不明確的單音節聲音。我們已經在公寓後面的小路，還有看起來像是路的所有角落一邊大喊，一邊搜索，已經過了一個小時了。

但是，就在我們再次打電話向報案者確認時，卻發現了一個相當嚴重的錯誤，媳婦並不知道公公到底是從哪條路上山的，只知道他每天都會去爬水落山；還有，雖然知道公寓社區的後方就有一條連接著入山的道路，但是不確定老人是不是延著這條路上山的。登山救援隊的隊長皺了皺眉頭。

「指揮中心，這裡是登山救援隊，我們需要追加出動救援才行。因為報案人不清楚需救助者正確的行蹤，所以必須從登山路線的起點開始，全部從頭仔細搜尋才行。」

「登山救援隊，這裡是指揮中心，好，我們知道了，會加派特殊救援隊和蘆原區救援出動。」

接著我們往最近的登山路，也就是水落山最具代表性的登山入口——水落谷，那裡典型花園式餐廳處處可見，水落山的幾座大廟之一念佛寺就坐落於此，因為來來往往的人口眾動，因此也有著許多入山的小路，莫名地令人毛骨悚然。

把車停在念佛寺的停車場後，開始展開搜索。這裡可以沿著水落谷的登山路到往山頂延伸過去的溪谷，沿著這條搭有綠色帳篷的道路而下，這邊成排的攤販主要賣著豆腐泡菜、辣炒豬肉、橡子涼粉等，可以配著馬格利濁酒一起吃的下酒菜，可以看見中老年的登山客絡繹不絕熙熙嚷嚷的景色，但是卻沒有任何對救援活動有幫助的情報。

我們登山救援隊分成兩組，開始往溪谷對面的山坡方向搜索。加派出動的特殊救援隊朝著溪谷往山頂方向搜尋，另一條主要登山路——蘆原谷方向則是由蘆原消防局一一九救援隊負責。

搜尋活動進行得相當緩慢。

登山路，這個人類賦予的名稱，只不過是將廣闊深山中人們主要進出的各個方向串在一起，變成的一個名詞罷了，而對於周遭事物無法明確辨別的老人，只是踩著步伐穿梭在樹林中那數不清的樹縫之間。

「老先生！爺爺！」

「這裡是一一九救援隊！」

縱然響起散落在各方向無數救援隊隊員的呼喊聲，仍舊無法包圍整座水落山，這一片深山仍然只是保持著沉默。

隨著時間流逝，搜救行動雖然持續快速進行，可是著急的心卻又覺得搜救行動無比緩慢。

直到可以確認老人安全與否並且確定可以安全下山為止，不然所謂的搜尋速度就只不過是一個不明領域毫無意義的數字而已。無法觸及到那上萬條樹林縫隙的呼喊聲，仍舊不斷持續著，隨著每個向前走的步伐，愈是真實體會到那無限廣大的搜尋範圍，雖然內心逐漸變得茫然，但是不知道是否因此就錯過老人的想法，讓我無法停下前往不明方向的腳步。

樹影漸漸轉向東方，救援隊員們內心的焦慮也隨著逐漸擴大。

在結束佛巖寺附近發現的失足患者移送任務之後，消防航空隊的直升機也加入搜尋的行動。

噠噠噠噠～

橫越天空熟悉的旋轉聲音逐漸接近，又漸漸遠離，又再度靠近，雖然反覆了好幾次的低空飛行搜尋，但是為了失蹤者而在廣闊山區而且無特定範圍進行搜索時，航空隊高空視野也是有所限制的，最後，所有燃料耗盡只能無功而返。望著直升機孤寂返回本部的背影，讓人難以移開視線，也只能再度咬緊牙關。

最後無線電裡傳來在上方山脊沒有路的地方，發現獨自躺在那裡的老人，所有隊員都響起歡呼聲。但是很快便傳來消息，當隊員正要接近的時候，那老人遠遠地拔腿就逃，只好問報案者，患有帕金森氏症的老人是否能夠跑很快？一步步伐不足三十公分的老人，以及他那沒有辦法提供任何情報的老舊電話，仍然沒辦法帶給我們任何一絲絲線索，我們也只能再度繼續穿梭在那數不清的樹縫之間，繼續不停地邊走邊喊叫。

接近初冬的季節，現在距離日落剩下不到一個小時了。我們再度聚集到登山路的起點舉行搜尋會議，在會議中，老人的家屬們一個一個到達了水落山。

穿著西裝的兒子看起約五十多歲，看起來似乎是將公司的事情先拋到一旁跑了過來，雙眼充滿了恐懼。他那看起來像是高中生的女兒們也跑來現場，眼睛滿盈著淚水，拜託我們一定要找到爺爺。筋疲力竭的雙腿又再度注入力量，一定不會有事的，我們一定會找到您的。

不顧隊員們的勸阻，連家人們也加入了搜尋行動。

「爺爺，爺爺！」孫女們細弱的喊叫聲之下，徘徊在水落山深處的老人仍舊沒有任何應答。當我撇過那模樣時，想起了我那住在加平深山療養院裡年邁的外婆。

在我模糊的年幼印象中，視線只到母親膝蓋高度且矮小又年幼的我，坐著地鐵去當時位於鷺梁津外婆家玩的路上，總是既期待又興奮，每次去外婆家，外婆總是會用手捏一大塊青花魚肉，放在那一大湯匙上白亮亮又冒著熱煙的米飯上，帶著黑色魚紋的青花魚總是給我一份溫暖的感受，讓我想起了我的外婆。

想起每次逢年過節去拜訪外婆的時候，她總是拖著行動不便的雙腿陪我們走到療養院的大門，外婆用她那又小又老的手緊緊牽著我的手，在流逝的歲月中漸漸變得更加彎駝的腰，以及我幼年記憶中青花魚肉的那一份溫暖。突然，想起現在蜷曲在水落山深處那未知地方的老人並不是我的爺爺，而那滿臉淚痕朝著山中呼喊著爺爺的少女，也不是這時候躺在有著溫暖暖氣療養院裡我外婆的孫女，這樣冷靜地以生物學區分與殘忍的安心感，令我忍不住覺得胸口緊悶喘不過氣。

您在哪裡呢？您到底在哪兒呢？

夕陽比起在平地時更快沒入，映照著整片天空，讓整座山中逐漸被可怕又沉重的黑暗占領。我們左右晃著老舊又微弱的頭燈，試圖抵抗這一片黑暗，但終究完全被困在有限的視線之中，只能靜靜地望著森林裡沒有任何指標的目的地，在疲憊的腳步與微弱的燈光之下，仍舊完全不見老人的蹤跡。

嚓嚓、嚓嚓、嚓嚓。

光線與色彩不再，黯然失色的夜晚森林裡，取而代之的，是到處都充斥著許多難以猜測出源頭的聲音，是在太陽高照的白日時，因為人類短暫光臨山中的腳步聲而屏住呼吸、隱藏自身的動物嗎？就連原本黃澄澄又火紅的楓葉，也在早已耗盡氣力的樹木上褪去了它們的色彩，隨著空氣的流動，一片片掉落並且留下最後的聲響。五感變得更加敏感，依賴著微弱的燈光，以狹窄的視線環顧著四方，但是高聳豎立的樹影縫隙間，再也找不到一絲絲溫暖陽光的痕跡。

老人一整天什麼都沒吃，也無法得知老人穿的衣服究竟能否保存他的體溫，隨著時間流逝，愈是無法保證老人的安全。難道不能用我的心急如焚，來換取更敏銳的視力、聽力、甚或是可以多跨出一步的體力嗎？掛在脖子上無線對講機的另一端，偶爾傳來塔台搜尋過程的消息也逐漸稀少。隨著夜漸漸深沉，搜救隊員們疲倦不堪的模樣也被描繪在黑暗之中，就連無線對講機那微不足道的重量也令人感到吃力。

不僅是消防人力，警察機動隊，甚至軍隊士兵，投入了數百名人力分散在水落山的深處搜尋，但是一旦脫離了登山步道，立刻要面對的是一片既深邃又廣闊的森林，似乎說明了這完全不屬於人類的領域，只帶給搜救隊員們希望渺茫的黑暗。努力擺脫黑暗的絕望與襲湧而來的疲倦，一心想著獨自一人孤單在寒冷中顫抖的老人，以及山下指揮救援的車輛裡，撐著雙眼守著夜的老人家屬們。在不斷搜尋移動的忙碌步伐之中，清晨漸漸到來，逐漸明朗的視野裡，也開始瀰漫著迷濛的白霧，就連粗糙的臉龐也透著濕氣。氣象是不是有說會下雨呢？暴露在深夜裡寒冷天氣的八十多歲生病的老人，如果被雨淋濕的話，一想到這，心裡更是著急，也忍不住繼續那些毫無意義的胡思亂想。如果心急如焚的心情能夠催促疲倦的雙腿，跨出一步又一步；如果焦急的心情能夠取代模糊的視線，發現迷失在這山中老人的足跡。

在潮濕濛濛霧雨的水落山朦朧晨光之中，遇到了一、兩個的採草藥的人，他們手裡各拿著一張印有老人照片的傳單，原來是山下登山口老人的家屬們也因為焦急迫切的心情，盡其所能地加入尋找老人的行動之中。偶爾遇到的登山客們對著傳單上老人的照片搖搖頭，但是仍舊拜託大家如果有看到的話，請立刻與警方聯絡。

暫時停下筋疲力竭的腳步環顧四方，在楓葉的盡頭懸掛著最後一抹秋色，與寂靜的森林深處的霧光相襯，看起來似乎比昨天更加黯然惆悵。

「在這樣的景色之中，您到底在哪裡……迷失徘徊呢？」

我，明明就已經筋疲力竭了。

在烏雲遍布的天空看不見的後方，不知不覺之中太陽似乎開始慢慢朝著西方傾斜而下。直到下午霧氣仍未散去，西邊登山路延伸過去的山脊下，在視野無法觸及的森林深處搜尋了許久。在巨岩下面發現了一些被壓扁的馬格利濁酒瓶和垃圾散落一地。即使在樹林的極深處，也常會發現人類留下的痕跡，那些不知道過了多少年，且已經褪色的即溶咖啡包裝袋，或偶爾也會看到一些為了做記號而綁在樹上的鞋子。繞過那塊巨岩時發現了被撕成碎片丟落一地的紙屑，我原本以為是有人撕碎了傳單，蹲坐在地上翻了翻，原來是一封信。一字一句真心誠意寫下的字跡，那些被撕碎的文字，親愛的你、想念、害怕等，散落在昨夜的雨水之中。

旁邊有個空酒瓶滾了過來，看來才被丟棄沒多久。在這深山之中，除了等待著救援的老人、心急如焚等待我們發現老人蹤跡的家屬們，以及徘徊在整座山中不停搜尋且已經疲倦萬分的救援隊員們，還有與這些人完全不同故事的某人焦急的心，在昨夜水落山的森林深處的岩石下被撕個粉碎。時間被某些人的傷痛和老人家屬的等待給填滿，也被所有已經疲憊不堪卻仍在搜救的消防隊員迷失的方向與希望填滿；時間，卻也毫不留戀地流逝，一天的太陽，又再一次，落下。

水落山，既熟悉又信任的這座山，即使在幾百人的千千萬萬腳步之下也沒有被填平，最終我那狹小的視線裡沒有發現老人的身影。艱困地撐起顫抖的眼皮，拖著疲倦不堪的步伐往山下走去，再繼續下去是過於勉強，一直用焦急的心情下支撐的身體，已經耗盡了我最後一絲力氣，身體已經對我下達最後通牒。

遠處交接的小隊正等著我們，老人那年邁的另一半看到一夜之間顯得狼狽不堪的我們，又再度流下眼淚。我沉重地轉過頭來，帶著請託的眼神望著交接的隊員們，請他們務必要找到老人，務必擦乾這一家人年幼老少的淚水，同事也一臉沉重地點頭回應。

即使我們組員工作的這三十四個小時裡，大部分時間都是在水落山度過，卻也無法輕易地轉身就走，邁著蹣跚的腳步沉默不語地走回各自的家。今天晚上是關鍵時刻，明天再到水落山執勤的時候，那時恐怕已經太晚了。

拜託，一定要活著回來。拜託，一定要活著回來。

水落山，在內心深處留下了渴望，艱困地進入夢鄉的我，只是站在濃霧之中茫然地望著數萬棵樹與樹之間的縫隙。

獨自站在車庫裡

凌晨四點二十分，出動警鈴響起。

在辦公室裡值班的我在接到指令之後，趕緊跑了出去。

八十多歲女性，推測心跳停止，沒有呼吸，報案者是她的家人。

「城北重機急救隊出動。」

簡短地發了無線電之後，戴上橘黃色的全罩式安全帽，打開警示燈，流暢快速地從車庫裡滑了出來。響著警笛的重機牽制著凌晨時分在街上快速奔馳的車輛，加快了車速，雖然距離江北區所在的公寓有三公里左右，但是無線電裡傳來附近兩台救護車已經先後抵達現場。緊咬雙唇跑到現場公寓時，遇到打道回府無精打采的急救隊員，他只是搖搖頭地說：

「身體已經僵硬了，現在正在跟家屬說明中。」

屋裡傳來中年婦女的哭聲，和急救隊員正在說明這遺憾狀況的聲音。望著門另一端躺著一具冰冷又僵硬的老婦人身影。默默轉過身來，太遲了，又是無法挽回的一天啊。

回消防局的路上，凌晨時分這特別冰冷的空氣擦過頸子，連續兩天浸濕整座城市的雨水在不知不覺中已經止住。

我們對超速闖紅燈的車輛響警笛和遠光燈警示，到底有什麼急事，竟然要開這麼快呢？想起這幾年下來看到的那些交通意外現場，那些支離破碎被害者們的淒慘模樣，忍不住深深嘆了一口氣。拜託，千萬不要讓自己的人生如此快速地早逝。

把重機停放回車庫之後，拖著沉重的步伐走了出來，在冰冷的燈光下突然回頭看了看那些體積龐大的消防車，感到格外親切的同時卻也感到特別的悲傷。想起了七年前第一次接到分發指令到釜山某消防隊服役的時期，守衛著海雲台海洋那年少時光的我，是不是比現在更加滿懷希望呢？哪怕只是稍微樂觀？稍微更正面積極？如果沒有經歷那些坐在救護車上奔馳，全力以赴那段時光，體會到凝結滴落的汗水，以及因無法救回患者的自責而形成斑駁淚痕的日子，現在的我是否能夠過得更加舒服自在？是否會有所改變呢？

獨自坐在冷清的辦公室裡，打開電腦開始輸入急救活動日誌與行車日誌，到達前死亡，寫下現場急救隊員判定屍體已僵硬的見解。只是用相當簡短的文字，整理出一個人這輩子最後的一瞬間。我始終不習慣這件事情，每次都覺得虛無飄渺，卻又感到無比悲傷。

去年十一月，身為首爾消防公務員超過五年的我被升遷為消防校，同時也接到新職位的人事命令。為了因應首爾習以為常的塞車狀況，能夠讓救護車穿梭在難以進入的街道巷弄，以及因應頻繁卻非緊急的出動和造成鄰近急救隊不在的這些狀況，因此成立了重型機車急救隊，在城北區和江北區共用一台重型機車。只有在心跳停止或是重症外傷等緊急患者發生的情況下才會出動，認為這樣的支援可以讓一一九急救隊專注在原本存在的目的。可是兩個禮拜過去了，直到現在仍然沒有碰到任何患者甦醒的案例。

「這種事情果然不可能總是稱心如意的。」

如果這世界上只要以迫切誠懇的心意就可以救人的話，那麼就能阻止所有悲傷發生。

帶著悶悶不樂的心情走出辦公室到車庫閒晃一下，在冰冷的燈光下，看見那成排熟悉親切的臉孔們。

現在已經相當熟悉的救護車、一一九救援隊的移動巴士、裝載起重機的救援工作車，還有火災現場最前線的指揮車、滅火泵車、水罐車，在那後面的是無法掩藏它們威容、體積龐大的雲梯車和升降平台車。而我負責的那台重量四百公斤、排氣量六百五十CC的急救隊重型機車，看起來突然變得像玩具一樣渺小。

我靜靜地站著，就這樣看著這些消防車好一陣子。雖然加入城北消防局的時間還沒多久，但不只是首爾，不管到全國哪裡，都會有這些既熟悉又親切的臉孔——火紅色的消防車，是從我兒時開始一直以來的偶像，也在年輕歲月的所有日子中陪伴著我，和我一起奔馳的可靠又穩重的夥伴。

「朋友，是朋友啊。」

在吐出簡短的詞彙時，腦海中卻又再度浮現了上周六下午悲傷的記憶。

很久以前的我，可以很容易就和大家打成一片，彼此之間變得親近，但是不知曾幾何時，我變得更喜歡自己一人獨處的時間。加上連續四年來在自己休息日的晚上，投入到大學夜間部進修的生活，和我一起工作的同事都常說要約我一起喝杯酒實在太難了，讓他們失望的情況漸漸愈來愈多、也愈頻繁。

雖然我在大約兩年前遇到了心愛的她之後，變得更加忙碌也是其中之一的理由，但是身為運動選手的她總是忙於訓練，偶爾擠出一點時間一起度過以外，其餘更多時間是我自己一個人度過，獨自一人喝酒沉思，或者一邊喝咖啡一邊閱讀或寫寫文章，對我來說這就是最大的放鬆與休息了。

回想起在許多現場必須面對某人的悲劇與悲傷時，不知曾幾何時，比起與他人對話和溝通，我似乎需要更多時間來獨自承受屬於自己的思緒與想法，難道是因為羞於在他人面前展露自我嗎？我不喜歡對任何人談論沉重的話題，因為我的想法不管到哪裡都不會獲得共鳴。最後，我獨自思考的疲憊時間，讓我與大家漸漸有了隔閡，與他人的關係也漸行漸遠。

上個星期六，我打電話給十五年前國中時期最好的朋友，電話那一端只聽到機械式的女聲說著查無此號。頓時之間覺得有些驚慌失措的我，回想究竟最後一次聯絡是何時，三年前？還是四年前了呢？可是怎麼想也想不起來。幸好還有一個偶爾會聯絡的朋友告訴我這朋友的新電話號碼，並且他這樣對我說：

「他一定覺得很難過，不對，應該是難過很久了。」

他嘆了一口氣繼續說：

「如果連我也沒主動先跟你連絡的話，都不知道我們會幾年沒連絡呢。」

突然，一股意想不到的距離感湧上了心頭，是一種陌生的感覺。

在我的記憶中，這些朋友們在我心中，不管什麼時候突然打電話給他們，他們總是嘴裡吐著罵人的話，另一方面卻又很舒適自在天南地北聊著天，曾經我們之間是如此地親近。仔細想想，這到底是多久以前的事情了呢？五年前成為首爾消防員之後，和釜山的朋友們聚在一起喝一杯的次數真的是少之又少，總是以忙碌為藉口，總拿每天都很辛苦、疲倦為藉口，但是打一通電話哪會辛苦到哪裡去呢？

想起了自己為什麼會想要避開朋友的理由了。我，只是想要有一個能夠屬於自己可以逃避的空間罷了。因為與其揭露自己的瘡疤，講一些令人覺得不舒服的話，倒不如自己全然承擔，迴避一切會更自在吧。回頭想想，也許這是一個極其自私的理由，或許沒有比這還要更加卑鄙的行為了吧。

好不容易連絡上朋友，但他的聲音只有著冰冷的尷尬，結束滿是遺憾的簡短對話。苦思了一會兒，傳了抱歉的簡訊給他，但是他回覆的簡訊讓我更加難過。

他說，曾經覺得彼此是最親密的朋友，但我卻一次也沒有主動聯絡的時候，隨著時間一年年過去，心裡的失落感就愈重，後來乾脆不抱任何期待。

看完簡訊，我惆悵苦笑，那時真的是很純真的年紀，因為他在我們之中也是感受比較細膩的朋友，所以我大概可以理解他那種受傷的心情。

我帶著苦澀的心情反問自己。

這樣也沒關係嗎？這樣的做法是對的嗎？

不知從什麼時候開始，我也發現自己看待這世界的視線變得冰冷，與過去總是帶著微笑生活不同，現在的我面無表情的日子也逐漸增加。

總覺得時間還很長，但是不知不覺中結了婚，生活充滿了心跳悸動與幸福，但同時卻也對未來感到憂心。我不能再獨自忍耐，也不能再獨自承受一切了，因為我不再是一個人了。腦海中浮現著心愛另一半嬌小的臉龐，雖然我們同年紀，但是她這輩子除了運動以外什麼都不懂，就像個年幼的孩子一樣純真，每當我垂著疲憊的肩膀與帶著悲傷的表情下班回家，她總是對我撒嬌又開玩笑地逗著我，讓我可以重新掛上笑容。對她，我不能連我的真心都隱藏。

試著回想參加最後一次聚餐的那一天，那天當然也聽到很多人說要在外面見我一面很難，覺得不是很開心的話。在登山救援隊的時期，大家還算比較常聚在一起，但仔細回想，最後一次和那些自己以前喜歡且老是跟在他們後面跑的前輩見面，也已經超過了一年了。那時年輕不懂事，第一次接到人事命令被分派到救援隊的時期，那時總是和隊員們互相抱頭痛哭，卻也度過許多大聲歡笑的時光，在不知不覺中這些場景只能在腦海中的回憶看到了。

在時間的洪流之中，我必須無數次地在現場面對受傷、痛苦的人們，以及他們日常生活中發生的一齣齣悲劇。或許是因為我不想因此就變得麻木不仁的固執，讓我不願回頭去面對那些悲傷，也許那些傷痛無法隨著日子流逝，默默地在我心中鑽出了許多空隙也說不定。然後，那些縫隙一點一滴慢慢擴大，在不知不覺中變成無法抹去的鴻溝，甚至無法與他人接觸，讓我變成一個極度孤獨的人。

想起朋友那無限冰冷的聲音，又再度刺進我的胸口隱隱作痛。

不該是這樣的，到底是出了什麼問題的想法，縈繞在心中綑綁著我的心。我一路辛苦地奔跑著到底是為了什麼呢？什麼才是我人生中最重要的呢？

我的內心深處傳來了細微的聲音，我孤獨沒關係，就算孤獨成為我最親近的朋友也可以，我並不是害怕孤獨，只是不想做那些讓我珍視的朋友會感到委屈不愉快的事。

我很清楚地知道現在這一瞬間的我，並不覺得幸福。

覺得痛就說痛，覺得累就說累，這樣還比較好吧，至少應該要告訴那些疼惜我的人，讓他們知道雖然很累，但是我仍然很努力戰勝困境。如果問題在於過份固執與感性，那麼就應該把這問題當作藉口，和朋友一起喝一杯燒酒，哪怕只能稍微填補我內心深深的鴻溝。嗯，應該要這麼做才對，不，現在開始必須得要這麼做，我暗自下定決心。

我可以做得好嗎？

在深夜裡的冷空氣與黑暗中，深深吸了一口氣並捫心自問。心中沒有任何回答，取而代之的是從嘴裡流洩出來一絲白濛濛的氣息。在車庫裡有防水處理的綠色地板上，許多消防車依然只是默默地注視著前方，原本一直以來覺得親切的模樣，現在卻覺得無限遙遠。

一個人自己努力戰勝一切會比較好嗎？對我來說那不是更適合的嗎？點綴著黑暗的白濛濛氣息，沾染著深深的嘆息。

突然菸癮犯了，按下高達五公尺車庫的鐵捲門按鍵。

答答答。

伴隨著沉重的馬達聲，當巨大的鐵捲門緩緩向上捲起時，我從口袋掏出一根菸叼在嘴角，紅如兔子的雙眼呆望著外面。

原本到午夜時分都還下著綿綿細雨，適才還烏雲遍布的天空，現在烏雲卻散去，天空一片清爽，東邊的太陽漸漸地露出魚白，將天空染上一片金黃。

我小心翼翼緩緩地向車庫外邁開腳步。

一步、一步往前走，耀眼的陽光從城市另一端的山脊延伸過來，清晨涼爽的空氣環繞著我的身體。彷彿有人在呼喚我似地緩緩轉過頭來，看到被光線籠罩下的消防車，那火紅的光澤是如此富有生命力，不知不覺我露出了微笑。

出乎意料之外的黎明之下，我像是忽然想起似地伸了伸懶腰。

把香菸放進了口袋，用力伸展著全身疲憊的筋骨，準備開始喚醒新的一天。

獨在站在光線逐漸明亮的車庫前，我在內心向自己下了決心。

這個週末我一定要下釜山一趟，一方面見見朋友懷念的臉龐，一點一滴解開心中糾結的遺憾，不再是冰冷電話另一端的聲音，取而代之的是想起了過往記憶中朋友那充滿溫暖又柔和的笑臉。

我相信即便不是現在，總有一天可以再度看到朋友那溫暖笑容的臉龐。平日再怎麼辛苦，也要抽一天去見見前輩。

決定要再度帶著笑容迎接今天的早晨，說不定我可以辦得到。

不，一定會做到的。

我日常中的幸福，不是由誰來守護，而是必須由我自己來守護，或許長久以來一直都不小心被我遺忘。

我不會再遺忘了，以堅定的決心再度銘記在心，任由時間流逝，我都絕對不會忘記。

對著消防車揮揮手道聲早安，我的臉上也泛起了微笑。

我挺直腰桿抬頭挺胸，往車庫邁開抖擻的步伐。

消防員，我兒時的夢想

在晨光耀眼的初夏早晨，在熟悉的消防隊內務室被子裡睜開了眼睛，讓自己昏昏沉沉的腦袋放空了一會兒之後，振作精神從床上起身。位於蓮山洞的釜山消防本部後方有五層樓高的消防訓練塔，其中兩層做為義務消防員的內務室來使用。我開始慢慢地穿上了陌生的軍服，兩年前在陸軍訓練所最後一次穿上軍服後，今天是第一次再次穿上，雖然前一天費心地整理放好，但現在還是很尷尬，看到右肩上印著退役兵長的標誌，覺得有些不好意思。今天是結束為期兩年兩個月義務消防役退伍的日子。走出訓練塔的瞬間，我突然看了一下在建築物入口處全身鏡中自己的身影，竟然已經到了義務消防役退伍的日子。回想起身為水上救援隊的一員守護著海雲台那炎炎夏日的回憶，以及在海雲台消防局身為急救隊員時，不分晝夜，只要那警笛一響，馬上起身出發的日子。那一個又一個令人懷念的瞬間，也慢慢地和過去曾經非常渴望來到這地方的時光重疊在一起。

釜山消防本部，義務消防役隊員選拔最終面試的日子。

「一千〇一號吳永煥先生，請進。」

在等待順序的報名者之中，負責人的聲音響起，一千〇一號，輪到我了。報名開始的第一天，一大清早我就立刻到消防本部的行政科報到，第一個交出報名表。下意識地緊咬著牙根走進了面試室。

即使是室內空氣也相當冰冷，面試官們的提問攻勢一刻也不停歇地不斷進攻，家庭關係如何？大學為什麼休學？也問了一些關於我個人情況瑣碎且形式上的問題。銳利的眼神像是看透了我，我連自己究竟回答了什麼也不知道，早知道就吞一顆牛黃清心丸，可惜已經為時已晚而感到後悔不已。背已經被汗浸濕了，但是既然也沒有其它方法，那倒不如把胸膛挺得更直吧。

「嗯……這樣的回答很抽象呢。」

面試官看著驚慌失措的我，繼續說道：

「該怎麼說呢？感覺很抽象，又很像背了準備資料的感覺。」

喉嚨再次凝聚力氣開口回答。

「我一直以來始終如一，懷抱著夢想希望成為一名消防員。」

生硬地說出事先準備好的回答，我決定只思考一個問題。

「為什麼想成為消防員？」

這是我一直以來不斷問著自己的問題，無數次反覆自問並且尋求答案的那個問題，不是面試官，而是輪到我對自己再一次地捫心自問。

雖然不記得確切的時間點，但是令人無法忘記的，是那一瞬間強烈的確信感。

曾經是軍官的父親在我上小學之前就退役了，為了家計開始創業，可惜接連失敗，嚐盡了失敗的苦頭，也因此我們在幾近貧窮的環境下成長，但是我從未覺得自己不幸。幾年以來，一家四口住在一間小套房裡，也總是和和氣氣，家庭氣氛相當溫暖。即使情況是如此絕望，我的父母總是用盈盈笑臉對待我和大我兩歲的姊姊。他們總是抱持著明天會比今天來得更加美好，不放棄任何希望。所以買回來一袋米的日子，也可以讓家人臉上帶著微笑產生繼續向前的力量。托父母的福，我們姊弟倆也才能毫無陰影開朗健康地長大。

「現在播報下一則新聞，昨天○○市○○洞四段商街大樓失火，附近居民全數疏散……消防隊員出動……無人傷亡……」

是高中時期嗎？那時正準備要上學的我，從客廳開著的電視裡看到了熊熊烈火往上竄升的畫面，傳統市場老舊的商街大樓被猛烈的火焰包圍，所有的縫隙都吐著濃濃的黑煙，而且那地方還有民眾困在裡面。在警察的制止下，商販們又哭又叫，甚至有人盲目地想要衝入火場。哭喊著「不可以，不可以。」，因自己崩垮的人生放聲大哭。

畫面中，癱坐在地號啕大哭的商人大嬸，似乎與努力生活扶養我們姐弟的母親模樣重疊在一起，而痛哭失聲的中年大叔身上，似乎看到我那白髮稀疏父親的模樣。本來只是擦身而過的一刻，但對我來說卻成了一輩子也忘不了的刺激，但我無法得知原因。

幾年過後的今天，仍然不明確。只是，那時有一股強大的力量讓我無法從電視上轉移視線，那就是人們，痛徹心扉哭喊著的人們，就像是在任何地方都可以看到，那些太過於平凡的人們。

而他們的希望，被燃燒火焰擊垮的那一天、那一瞬間，看到了有一群人衝進熊熊烈火之中，將崩潰的民眾又拖又抱，同時也與火焰奮戰的一群人。

猛烈的大火填滿整個老舊的十八吋電視畫面，也讓膽小高中生的我更加畏懼。

不停吐出的灰黑濃煙，燻得天空一片黑。為了對抗猛烈的火勢，他們用如此纖細的消防水帶和就像是玩具一樣小小的水霧噴頭，奮力與這一切對抗，展開了激烈的鬥爭。代替這些痛哭吶喊且昏倒在地脆弱的人們，挺身而出與火焰對抗的這些人，就是消防員們。

在火災面前倒塌的是人們生活的根基，雖然微小，卻是無比珍貴希望的跳板，消防員們竭盡全力地守護與搶救。在慘不忍睹的災難現場，為了要鎮壓在大火之中燃燒的絕望與交織糾結的淚水，他們挺身站在最前線奮力對抗。

就在那一刻，心中似乎有一股熾熱，清晰地刻畫在我心中。

對年紀尚輕還是一個高中生的我來說，在決定人生方向的瞬間，突然出現了「消防員」三個字。我希望能夠就在最近的地方，守護著我的父母，還有大家那些微小卻又珍貴的所有希望。

朝著夢想前進的第一階段，義務消防隊選拔的最終面試。

我可以做到的，而且比誰都做得更棒，我在腦海中無數次地反覆描繪，成為消防隊員的模樣。這迫切渴望的夢想，讓無限渺小又寒酸的我，可以挺起胸膛，且比任何人都更堂堂正正地站在全世界面前，這就是我的夢想。身為大韓民國的男子，當兵是我必須要肩負的義務與責任，我希望以消防員的身分來承擔這神聖又高貴的義務。我覺得那就是我的命運。只要跨越現在，我就可以一步一步往自己的夢想前進。我再度深深吸了一口氣。

一位自始至終面無表情的面試官抬起頭來冷冷地問道：

「你為什麼想要成為一位消防員呢？」

我想起來了，我想要成為消防員的理由，在我狹窄的肩膀與胸膛裡，第一次充滿自豪的瞬間。

「那些像我父母一樣，在許多困境中仍竭盡全力生活的人，雖然現在一無所有，但是抱持著明天會更好的夢想生活的人，我希望能夠幫助他們，為他們守護現在所僅有的一切。當人們珍貴的希望面臨難以承受的危險時，能最先奔向他們，向他們伸出援手——我希望能夠成為這樣的消防員。」

也許，這樣的回答還是多多少少有些抽象，不對，本來就是很抽象的，但是兒時的我就是如此確信著。然而，在二〇一五年，今天站在一線消防隊最前線的這一瞬間，我也一路走來始終如一，將這抽象的想法深深地珍藏在心中，繼續奔跑著。每當有人的日常生活被大火燃燒，擊倒坍塌的那一瞬間，我會繼續朝向身負重傷痛苦呻吟的人們，或急切渴望我們伸出援手的那個地方，奔馳。

不知不覺中，我也不再年輕了，身為大韓民國的消防隊一員，我仍然永不停歇地奔向世界上所有珍貴的人們。

「那些像我父母一樣，在許多困境中仍然竭盡全力生活的人，
雖然現在一無所有，但是抱持著明天會更好的夢想，
正面積極生活的人，
我希望能夠幫助並且為他們守護現在所僅有的一切。
當人們珍貴的希望面臨難以承受的危險時，
能最先奔向他們，並且伸出援手——
我希望能夠成為這樣的消防員。」

後記

等待著只有一天的太陽，我們仍然奔跑著

我是大韓民國的消防員。

補充說明的話，是現職的首爾特別市地方消防公務員。

每當民眾看到「消防員」一詞，往往會立刻聯想到防火制服、消防水帶及消防車，但是現場消防員的工作除了滅火之外，還被區分為一一九救援隊、急救隊、現場指揮隊以及火災調查小組等許多領域。如果要加以深入說明的話，我們的工作內容龐大且複雜，但是我可以只用一句話為這一詞下定義：

消防員，守護並且救人的人。

同時，身為消防員的我也喜歡動筆寫寫文章。

曾經非常享受閱讀小說家金勳老師文章的青少年，在長大成人之後成為一位消防員。

在火災與救援的第一線努力奮戰的時光，填滿我年輕歲月的那許多片刻，站在那些生死交叉路口哭喊的人們面前，身為消防員的我總是心急如焚，但是悲劇總是如此輕易發生，阻止與守護這一切卻總是那麼困難卻又緩慢。

在很多的日子中，最終我沒能守護某些人的日常生活，為此我經常獨自一人躲在車庫後方哭泣。

但是，即使在這頻繁的絕望之中，仍然有著名為希望的火花燃燒著。

在沉入深水之下緊握住年幼孩子的手的那一天；一位老人停止跳動的心

跳，在我指尖重心感受到心臟跳動的那一天；走路、呼吸、吃飯的那些天。

仔細傾聽燃燒得通紅的火焰與漆黑煙霧之下，即將熄滅的最後呼吸聲，直到最後一刻都絕對不能放棄的人，是消防員，我們肩負著不管摔倒幾次，都要重新站起來的宿命。

即使黑暗已經延續百年了，我們總是等待著太陽升起的那一天，並且懷抱著希望奔跑著。

消防局出動警鈴響起的時間並沒有固定間隔，我們經常在餐廳、廁所甚至淋浴間都得快速出動，鞋子也總是非常容易磨損。我將那些讓腳步忙碌奔走的緣由一個個寫下來，放在我未來人生所向之處，讓這些故事能夠在未來長久被人們記住。

雖然早就知道我並沒有什麼寫作的天分與才能，即使我是如此不足，但是仍想透過文字，小心翼翼地向大眾傳達，身為消防員的我所目睹那些在絕望之中綻放的希望。

可能是因為生性懶散，要寫一行文字總是要花好多時間，寫了又刪，重新撰寫的時間總是特別艱難，用文字來接近讀者，這樣的喜悅對我來說是既害羞又陌生。

我只是夢想著，就這樣試著慢慢一點一滴記錄奔向現場消防員的獨白，或許總有一天可以寫下關於希望的故事。

ISSUE 030

我們不想當英雄：消防員生死前線的心碎告白

作者	吳永煥
譯者	梁如幸
副主編	石瑷寧
責任編輯	鄭莛
責任企畫	林進韋
封面設計	朱疋
內頁設計	張靜怡
總編輯	胡金倫
董事長	趙政岷
出版者	時報文化出版企業股份有限公司 108019 臺北市和平西路三段 240 號 7 樓 發行專線｜ 02-2306-6842 讀者服務專線｜ 0800-231-705 ｜ 02-2304-7103 讀者服務傳真｜ 02-2302-7844 郵撥｜ 1934-4724 時報文化出版公司 信箱｜ 10899 台北華江橋郵局第 99 信箱
時報悅讀網	www.readingtimes.com.tw
電子郵件信箱	ctliving@readingtimes.com.tw
人文科學線臉書	http://www.facebook.com/jinbunkagaku
法律顧問	理律法律事務所｜陳長文律師、李念祖律師
印刷	勁達印刷有限公司
初版一刷	2020 年 8 月 14 日
定價	新臺幣 280 元

ISBN 978-957-13-8285-2 ｜ Printed in Taiwan

時報文化出版公司成立於一九七五年，並於一九九九年股票上櫃公開發行，於二〇〇八年脫離中時集團非屬旺中，以「尊重智慧與創意的文化事業」為信念。

我們不想當英雄：消防員生死前線的心碎告白／吳永煥著；梁如幸譯 .
-- 初版 . -- 臺北市：時報文化 , 2020.08 ｜ 224 面；14.8×21 公分 . 譯自：어느 소방관의 기도
ISBN 978-957-13-8285-2（平裝） ｜ 1. 消防警察 2. 消防教育 3. 通俗作品 ｜ 575.872 ｜ 109009488